IL CORPO DEL CAMBIAMENTO

USARE IL TUO CORPO PER GUARIRE, AMARE E POTENZIARE TE STESSO

DR. LISA COONEY

"Forse è un sogno troppo lontano nel tempo, ma tutti abbiamo bisogno di grandi obiettivi, altrimenti che senso ha? Tutti devono puntare a non vivere una vita ordinaria".

— ANNE MCKEVITT

O, come mi diceva sempre mio padre, "o la va o la spacca"!

DEDICAZIONE

Questo libro è per il corpo. L'essere altruista che ci accompagna fino all'ultimo respiro. Per tutti i corpi che ignoriamo e per tutti i corpi che dimentichiamo. Che le parole saltino fuori dalla pagina e restituiscano a voi e al vostro corpo l'incredibile collaborazione che è, e che i doni dimenticati vengano ricordati.

PARTE I
IL CORPO DEL
CAMBIAMENTO

ELOGI PER LA DOTTORESSA LISA
COONEY

La dottoressa Lisa ha completamente rivoluzionato il modo in cui vedo le mie emozioni e contestualizzo le mie esperienze. È entrata nel mio mondo in un momento cruciale di transizione e il nostro lavoro ha avuto un effetto a catena positivo sul mio matrimonio, sulla mia famiglia e sulla mia maternità. Sono e sono sempre stata una ricercatrice di tutto ciò che è auto-migliorativo, e il suo lavoro combina in modo meraviglioso la scienza e lo spirito. L'ho raccomandata e continuerò a raccomandarla a innumerevoli familiari e amici in tutte le fasi della vita.

— CAROLINE JONES, CANTANTE, AUTRICE
E MUSICISTA MULTIGENERE

La dottoressa Lisa ha un dono incredibile. Ti incontra dove sei emotivamente ed energeticamente. Dopo il nostro primo incontro una parte del mio mondo si è dissolta.

Faceva parte del processo di riallineamento e di avvicinamento a una me migliore. Mi aiuta a trovare gli strumenti per affrontare le cose che si presentano e che sono profondamente radicate. Ho bisogno di tutti gli strumenti possibili. È un'esperta in queste cose. Sono grata di averla come alleata per le cose che si possono spiegare e per quelle che non si possono spiegare.

— ZAC BROWN, FONDATORE E CEO DELLA
ZAC BROWN BAND

Dopo una seduta catartica con la dottoressa Lisa Cooney, ho notato un notevole cambiamento nel modo in cui mi sentivo nel mio corpo. Spero che questo libro possa aiutare molte altre persone che si sentono scollegate a seguire il percorso per tornare a se stesse.

— GWYNETH PALTROW, FONDATRICE E
CEO DI GOOP

PREFAZIONE

Ricordo la prima volta che ho letto della dottoressa Lisa Cooney in una newsletter GOOP. Gwyneth Paltrow aveva recentemente fatto una seduta ZOOM con la dottoressa Conney su raccomandazione di un amico. Ero scettica e mi chiedevo come potesse funzionare via Internet. Non che avessi delle convinzioni profonde su tutto questo, ma essere presente di persona mi sembrava intuitivamente di dover partecipare al processo. Gwyneth era d'accordo e venne con un certo scetticismo, ma mi disse che aveva avuto un'esperienza trasformativa. Ho pensato alla sua esperienza per settimane.

Poco dopo, al mio cane fu diagnosticato un cancro ai polmoni e gli furono dati da uno a tre mesi di vita. Avevo cresciuto questo cane da quando aveva otto settimane e scherzavo sempre sul fatto che fosse la versione canina di me, come la figlia che non ho mai avuto. I medici non pensavano che la chemioterapia avrebbe funzionato, visto lo stadio avanzato della malattia, ma dissero che potevamo provare comunque. Per capriccio, contattai anche il dottor Cooney per aiutarmi a superare il lutto. Durante la nostra telefonata, chiese a me e a mio marito di sederci con il nostro cane. Ci guardò e non dimenticherò mai quello che disse: "Non siete pronti ad andare, vero? Continuammo la seduta, durante la quale ricordo a malapena cosa disse; cantava e parlava molto velocemente. Sono passati due anni e il mio cane sta bene. I medici non riescono a spiegare come il cancro sia scomparso. Dicono di non aver mai visto nulla di simile in nessuno dei loro casi.

Recentemente mia madre era molto malata e attaccata a un respiratore in terapia intensiva. I medici ci hanno preparato per il supporto vitale, poiché stava rapidamente peggiorando. Pensavo che non avrei più parlato con mia madre, così ho contattato di nuovo la dottoressa Cooney. Mi diede istruzioni su come essere presente in ospedale e, ancora una volta, curò la sua guarigione a distanza. Il giorno dopo, mia madre ha smesso di declinare e ha cominciato a migliorare. La settimana prossima andrò a trovare mia madre per il suo compleanno. Ieri sera abbiamo parlato al telefono e lei ha riso dei miei figli.

In tutti i casi, i medici sono rimasti stupiti dalla guarigione miracolosa. Sono scettico nei confronti delle cose che non possono essere spiegate logicamente e dei concetti che non comprendo appieno. Ma come essere umano vivente in questo vasto e bellissimo universo, credo fermamente che alcune cose nella vita non possano essere spiegate, che non capiamo tutto. Erano coincidenze? Non lo saprò mai. Non capirò mai appieno le capacità del dottor Cooney o il loro funzionamento, ma sono in soggezione per ciò che ho visto e per il profondo impatto che ha avuto sulla mia vita. Grazie di cuore.

Laura Lane, scrittrice e giornalista

VIAGGIO VERSO LA POSSIBILITÀ

"Non rivolgete la vostra attenzione altrove nella ricerca della verità, perché essa non si trova in nessun altro luogo se non nel vostro corpo".

— *ECKHART TOLLE*

Non mi sentivo bene. Mi avvicinai al computer, chiusi gli occhi e dissi: "Corpo, parlami". L'ultima cosa che ricordo è che ho aperto gli occhi e le lacrime mi scorrevano sulle guance, mentre fissavo le parole "Mi stai uccidendo" sullo schermo.

Quel giorno il gioco, *il mio* gioco, è cambiato. Fu l'inizio di un rapporto diverso con il mio corpo, che non solo cambiò il mio corpo fisicamente, ma cambiò la mia vita come la conoscevo. Non che sia stato facile.

Il lavoro personale non lo è mai. Ma la cosa più difficile è stata cambiare le mie relazioni, con *tutto*.

È iniziato con la decisione di scoprire *cosa* mi "uccideva", quale parte di me stesso e perché. Ho iniziato a utilizzare tutti gli strumenti e le tecniche a mia disposizione e altri che avevo acquisito nel corso della mia carriera. Col tempo, ho scoperto di avere un dono con i processi di trasformazione profonda e ho sviluppato strumenti per la scoperta e il cambiamento, chiamati METODO ROAR®. Vivere una realtà radicalmente orgasmicamente viva significa scegliere la possibilità invece del problema, un'azione o una convinzione alla volta.

Grazie a questo lavoro, oggi la mia vita è completamente diversa da quella che avrei mai pensato di poter o poter creare. Il peso emotivo mascherato da peso fisico extra - circa quindici chili in più - che mi portavo dietro si è semplicemente sciolto quando ho deciso di cambiare. In una cultura che si concentra su una dieta di tendenza dopo l'altra, è una rivelazione che lasciare andare i limiti e i dubbi su se stessi può spesso rendere molto più veloce il lavoro di cambiamento del proprio corpo nella forma che si desidera. E mentre il mio corpo cambiava, *io* cambiavo dall'interno. I problemi di vecchia data hanno cominciato a dissolversi e a risolversi.

Ogni volta che esplorate i vostri problemi dalla prospettiva della saggezza corporea, si apre un mondo completamente nuovo di conversazioni e vi fornisce nuovi modi per muovervi verso ciò che desiderate. Questa è la premessa dell'intero libro: come connettersi con se stessi attraverso il proprio corpo per accedere al proprio scopo più elevato e alla propria vita migliore.

Lo scopo di questo libro è di aiutarvi a scoprire i vantaggi di 1) fare amicizia con il vostro corpo e ascoltarlo e 2) imparare a scegliere dal vostro corpo permettendo alla vostra mente di fare ricerca cooperativa con lui. Perché quando cambiate dall'"interno verso l'esterno", anche il vostro "interno verso l'esterno" cambierà per allinearsi ai vostri desideri. Più sperimenterete questo, più capirete che la mancanza di consapevolezza crea *disagio* fisiologico e *disarmonia* nel vostro corpo e nella vostra vita in generale. Questo stato d'animo impedisce la consapevolezza che il vero scopo del vostro corpo come organismo è quello di dirigere il cambiamento energetico non solo in voi stessi, ma anche negli altri. Non si tratta solo del fatto che ciò che dite a voi stessi è ciò che mostrate al mondo come corpo. Questo è vero, naturalmente. Ma la mia intenzione qui è di parlare di qualcosa di diverso sul corpo e sul suo potenziale come guaritore ed empatico.

Nel mio lavoro con i clienti di tutto il mondo, ho scoperto che essere presenti nel proprio corpo ha un effetto profondo sulle persone. Può avere un impatto che la maggior parte di noi non ha il linguaggio per descrivere. A casa o a scuola non ci viene insegnato che esiste una coscienza universale a cui possiamo accedere e che ci permette di usare il nostro corpo per informare il nostro essere. È la *presenza*, lo stato di unicità. E in questo stato, i nostri corpi sono capaci di molto più di quanto sappiamo.

L'IMPRONTA DELLA VOSTRA ANIMA: LA VOSTRA UNICA FIRMA SPIRITUALE

Intraprendere l'emersione dell'impronta della propria anima è il cammino verso la completezza, l'amore e la gioia, in noi stessi e con gli altri.

— *PSARIS E LYONS*

Mia nonna era l'incarnazione dell'amore incondizionato e l'unica grazia salvifica della mia infanzia. Era alta un metro e cinquanta, cattolica, italiana e una potenza. Lei stessa aveva sofferto molto. Era la più giovane di tredici figli e non aveva mai studiato oltre la scuola elementare. Suo padre era un uomo estremamente violento che finì per uccidere sua madre. Lo chiamava "la Gestapo". Ma nonostante la sua storia, ha dato molto. In retrospettiva, mi ha insegnato che, a prescindere dalle sofferenze subite, una persona può essere l'incarnazione dell'amore incondizionato. È stata la mia più grande insegnante.

Avendo subito notevoli abusi sessuali, emotivi e fisici durante la mia infanzia, era l'unica persona con cui mi sentivo a mio agio ad avere un contatto fisico. Quando è morta, ha lasciato un'eredità. Mia nonna ha influenzato la mia decisione di fare le cose in modo diverso: di scegliere al meglio di essere gentile e di dare il mio contributo, indipendentemente da ciò che accade nel mio mondo. Questa gentilezza può richiedere forza o fermezza, ma è uno spazio d'amore per ciò che mi ha insegnato. *Guidare con il cuore*. Questo mi ha portato al corpo.

E c'è un'altra cosa che mia nonna mi ha insegnato, oltre a come amare incondizionatamente: mi ha insegnato la mia anima.

Eravamo sedute a messa, uno dei miei posti preferiti per stare con lei. Conosceva e pronunciava ogni parola ad alta voce, e quel giorno la sentii dire: "L'anima e io guariremo".

Mi sono bloccata, con il cuore che batteva all'impazzata, e in quel momento ho capito che il mio lavoro avrebbe avuto a che fare con lo spirito o con l'anima. L'ho sentito con ogni fibra del mio essere... perché il mio corpo mi ha parlato e io e il mio corpo ci siamo svegliati!

L'IMPRONTA DELLA TUA ANIMA

L'impronta della vostra anima è la vostra firma spirituale. È il profilo e il contenuto della vostra anima, il suo carattere.

È più specifico per voi, e solo per voi, della lettera del vostro nome scarabocchiata su un assegno o una lettera.

È ancora più unico dei vostri geni e cromosomi.

— M. GAFNI

Come esseri umani, avete un'impronta dell'anima, uno spirito divino che vi chiama sempre verso un percorso di realizzazione più elevato. Non importa quanto vi allontanate da questo sentiero, o quanto siete malati o disconnessi. L'impronta della vostra anima vi chiamerà sempre e userà il vostro corpo per farlo. Sebbene i primi abusi mi abbiano portato a ritirarmi in me stessa e a disconnettermi per proteggermi per la maggior parte della mia infanzia, c'è sempre stata un'altra parte di me che è rimasta dormiente. In vari momenti del mio percorso di guarigione, emergeva come per ricordarmi che stava pazientemente aspettando che ne prendessi coscienza.

Molte delle persone con cui lavoro che hanno superato un abuso sono spesso in grado di riconoscere, dal loro luogo di guarigione, che sono sempre state consapevoli di una parte di sé che non veniva espressa, un altro lato che in qualche modo conoscevano come la loro verità fin dall'inizio. Oggi, nella mia vita, agisco in modo più coerente a partire da questo luogo. Forse anche voi avete sperimentato qualcosa di simile: momenti di consapevolezza o di conoscenza in cui vedete tutto per quello che è al di là della vostra realtà attuale.

Questo aspetto di voi stessi - l'impronta della vostra anima - è totalmente unico. È la vostra firma. Ed è vostro compito, il vostro *unico* compito, permettergli di lasciare la sua impronta. Lo fate espandendo il vostro pensiero limitato di voi stessi, che poi serve a illuminare la vostra firma spirituale nel mondo. Se lo permettete, il vostro corpo vi aiuterà a farlo.

PSICOLOGIA DELL'ANIMA

"Non c'è nulla in psicoterapia che parta dal modello di base e perfetto dell'uomo.... Questo modello è lì..."

— *RAYMOND CHARLES BARKER*

Come psicologo professionista, la mia esperienza mi dice che la psicologia tradizionale non ha gli strumenti per aiutare le persone a trovare l'anima che stanno cercando. Di certo non ha aiutato me. Siamo tutti alla ricerca di un senso di completezza, da soli o con un altro essere umano. Ma cos'è questo sentimento apparentemente sfuggente? Può essere descritta in molti modi: energia, connessione, calore, apertura, espansione, vitalità. Io la chiamo *vitalità radicale*.

Quando perdete il contatto con la vostra vera natura e diventate schiavi di ruoli, comportamenti e mentalità inflessibili, soffrite. Ci si allontana dal proprio posto vero e autentico. Fortunatamente, attraverso il cambiamento e la trasformazione personale, potete liberarvi dagli aspetti ristretti e limitanti della vostra educazione e dei vostri primi condizionamenti. Ogni sfumatura, evento, immagine e incidente della vostra vita è una fonte di informazioni psicologiche e spirituali vitali, e queste informazioni sono accessibili perché sono immagazzinate nel vostro corpo. Una volta entrati in sintonia con questo aspetto dell'anima, esso vi fornirà l'esatta guida di cui avete bisogno per l'evoluzione dell'anima e per una vita radicale.

VIVERE IN MODO RADICALE

Credo che ciò che cerchiamo veramente sia l'esperienza di essere vivi, in modo che le nostre esperienze di vita sul piano puramente fisico risuonino con il nostro essere e la nostra realtà più profonda, in modo da poter provare davvero l'estasi di essere vivi.

— *JOSEPH CAMPBELL*

L'opportunità di vivere radicalmente è in ognuno di noi. Nel corso degli anni ho utilizzato e sviluppato strumenti e tecniche per aiutare le persone a raggiungere questo obiettivo. È ciò che chiamo vivere il vostro ROAR®, la vostra realtà radicalmente e orgasmicamente viva. Tuttavia, per arrivarci, probabilmente dovrete perdere qualche chilo. Se siete come me, questo potrebbe essere abbastanza letterale, ma mi riferisco in particolare al bagaglio mentale ed emotivo. In ogni caso, significherà riconnettersi con la propria anima attraverso la saggezza innata del proprio corpo.

Come si fa? Iniziate attingendo al potere di guarigione che è in voi. Affinché la musica divina della vita possa suonare attraverso di voi, l'ego dovrà passare in secondo piano. Tutte le idee e le convinzioni fisse che avete accumulato dal momento in cui siete stati concepiti devono scomparire affinché la vostra energia si allinei con la coscienza superiore.

Sembra un obiettivo impossibile? Perché non è affatto un obiettivo. È *un processo* che ho scoperto nel mio lavoro e che si riduce a un semplice concetto: *amare se stessi dall'*interno ed essere buoni amici di se stessi perché si vuole essere qualcosa di diverso. Il vero te stesso, nascosto sotto la corrente del tuo ego e del tuo io di sopravvivenza che attiva intrinsecamente le tue strategie di coping e il tuo subconscio.

IL SEGRETO È NELL'INTELLIGENZA DEL VOSTRO CORPO

Vedete, finché rimaniamo gli stessi all'interno, a livello di pensieri, credenze e schemi,

e le emozioni, semplicemente non abbiamo raggiunto

la trasformazione nel senso più profondo del termine. Essere sani

E per rimanere così, sì, dobbiamo fare esercizio fisico e mangiare bene. Ma spesso abbiamo anche bisogno di guardare a noi stessi "oltre il corpo", esaminando le nostre convinzioni limitanti sul nostro corpo e sulla nostra vita.

Dobbiamo cambiare la nostra mentalità e curare le ferite e i lividi emotivi....

— BILL PHILLIPS

Proprio come la bambina il cui corpo le parlò quel giorno con la nonna, il vostro corpo vi parlerà. Vi dirà cose che non potete immaginare in questo momento su come guarire, come amare, come vivere, come *essere*, perché il vostro corpo è collegato all'intelligenza dell'universo. La domanda è: come mai le nostre vite sono diventate così sbagliate, complicate e difficili? E soprattutto, cosa potete fare per cambiare le cose ed essere in grado di ascoltare le soluzioni, l'amore e il sostegno che il vostro corpo ha per voi?

Comprendere le risposte a queste domande e lavorare con queste informazioni avrà un effetto profondo sulla vostra vita, trasformando letteralmente ogni vostra relazione: con il denaro e il lavoro, con la salute e il benessere, con le persone care e non e, soprattutto, con voi stessi e il mondo. Qualunque siano le sfide e i problemi che avete, vi prometto che varrà la pena affrontarli. Potreste persino scoprire, come ho fatto io, che "il vostro disastro è il vostro messaggio" e che il vostro scopo è intimamente connesso al vostro viaggio verso la completezza.

Ponetevi queste domande:

Qual è il messaggio del vostro "disordine" in questo momento?

Body, mi mostreresti cosa fare per cambiare questa situazione?

Qual è il prossimo passo o azione giusta da compiere ora?

Esercitatevi poi a usare questa frase di base: "Non so come.... So solo che sarà così. Grazie, è fatta!".

Per esempio:

1. Non so come faccio a *fare una domanda e a sentire la risposta del mio corpo.*
2. So solo che sarà
3. Grazie, è fatta!

COSA VI TRATTIENE?

Qual è la storia del vostro corpo?
Quando l'ha creato?
Siete soddisfatti di questa storia?
Richiede una fine e un nuovo inizio?
O un nuovo capitolo?
O un libro o un look completamente nuovo?

Cosa vi impedisce di creare una vita che amate? Cosa vi blocca? In una parola: voi stessi. Siete voi a bloccare i vostri veri talenti, doni, bisogni e desideri, che ne siate consapevoli o meno. Lavorando con le persone, ho scoperto che spesso ciò che vi trattiene è un rifiuto di qualche tipo:

1. Il rifiuto di scegliere per voi solo perché potete farlo.

2. Il rifiuto di praticare l'amore per se stessi.

3. Il rifiuto di accettare di meritare tutto il bene, non un po', non un po', ma tutto.

4. Rifiuto di accettare che si può scegliere ciò che si vuole e che non si deve aspettare nulla, nemmeno il denaro o il permesso.

5. Rifiuto di scegliere ciò che si vuole e di andare attivamente a cercarlo e a crearlo.

Tutti sono sempre alla ricerca della pillola magica: *se faccio questo.... Se ottengo questo... allora posso.* Ma in realtà non funziona così. È più simile a questo: *Voglio questo. Voglio questo. Questo mi renderà felice. Come lo creo?*

Che cosa vi impedisce di creare e accettare le cose che vi renderebbero felici? E perché rifiutate ciò che volete davvero? A livello conscio, ovviamente, no, ma a livello inconscio? Ah, sì.

Esercizio quotidiano

Scrivete 10 cose:

1. Cosa volete

2. Che si desidera

3. Che vi renderà felici
4. Siete disposti a fare per creare ciò che avete scritto sopra?

DISTRAZIONI, BARRIERE E DEVIAZIONI DEI VOSTRI DONI E DELLA VOSTRA CREATIVITÀ

Le uniche cose che ci impediscono di essere, fare e avere ciò che vogliamo sono le nostre convinzioni inconsce: convinzioni fondamentali o di base che si sono formate per lo più nell'infanzia attraverso i genitori, gli antenati o la cultura in generale, o semplicemente attraverso le interazioni e le esperienze con il mondo circostante, e che ora funzionano con il pilota automatico. All'epoca, avevano senso per noi. Ci dicevano come funzionava il mondo. Ci davano sicurezza. Ci dicevano chi eravamo - o chi non eravamo - in esso. Erano le regole del gioco che ci permettevano di funzionare o di funzionare nell'ambiente in cui ci trovavamo. Oggi, invece, vivono nell'oscuro sottosuolo del nostro subconscio, permeando ogni aspetto del nostro essere e della nostra vita, e rimangono invisibili a noi se non per i risultati che producono.

Le persone che si rivolgono al mio studio o ai miei seminari spesso si chiedono, nella migliore delle ipotesi, perché la loro vita non funziona come l'avevano immaginata. Perché non riescono a creare relazioni gioiose, carriere attraenti e produttive o abbondanza finanziaria? Perché non riescono a essere felici? È perché le loro convinzioni inconsce stanno conducendo lo spettacolo in sottofondo, per quanto possano essere superate e obsolete. Purtroppo non scompaiono perché non sono più utili.

È per questo che facciamo fatica a cambiare le cose, perché ci scontriamo con quelle convinzioni nascoste, convinzioni che possono essere osservate solo attraverso i nostri comportamenti, le nostre emozioni e le nostre azioni, o nelle situazioni o condizioni che si presentano nella nostra vita. Le persone soffrono, non credono e si impantanano in cose di cui non hanno realmente bisogno. Queste convinzioni producono i vostri limiti, a volte senza che sappiate di viverli. Come sabbie mobili, vi fanno affondare e vi tengono lì.

Sono arrivato a riconoscere che molte delle convinzioni fondamentali con cui le persone lottano sono di natura universale e puntano in un'unica direzione: verso l'odio di sé a un certo livello.

ODIO PER SE STESSI

L'unico peccato è l'odio verso se stessi.

— *PAUL WILLIAMS, DAS ENERGI*

L'odio per se stessi ha molte facce: *sono cattivo. Sono cattivo. Non sono desiderato. Non sono importante. Non sono importante.* Si presenta in molte forme e agisce come autosabotaggio. Naturalmente, non sappiamo che si tratta di autosabotaggio. Sembra sempre qualcos'altro:

1. Procrastinazione
2. Confrontarsi con gli altri
3. Ira
4. La vittimizzazione
5. Proiezione/illuminazione
6. Reclami/Critiche
7. Le scuse
8. La paura
9. Preoccupazione/Ansia

L'odio per se stessi influisce su quelli che io chiamo "i tre grandi": salute, finanze e relazioni. Queste sono le aree in cui la maggior parte delle persone ha bisogno di aiuto, prima o poi, e le tre ragioni principali per cui la maggior parte dei clienti viene in terapia. Quando arrivano, i loro problemi sono spesso in pieno svolgimento: salute cagionevole, debiti paralizzanti che aumentano lo stress e l'ansia, relazioni tossiche. Sono tutte forme di autopunizione.

Purtroppo, spesso le persone non si rendono conto che ci sono segni precoci di credenze inconsce in gioco, come quelle che ho elencato sopra, in parte perché sono così comuni e "accettate".

FRASE

Il cuore dell'odio, sia esso rivolto a se stessi o agli altri, è il "giudizio": una decisione su ciò che è cattivo (e quindi anche buono). Quando giudicate qualcosa, state essenzialmente operando con un punto di vista fisso... e qualsiasi punto di vista fisso vi possiede. Restringe la vostra prospettiva e ogni volta che perdete la prospettiva, perdete potere. Agite in modo diverso da come vorreste agire e poi vi sentite in colpa, il che vi porta a giudicare ancora di più.

Se osservate attentamente la natura del giudizio, vedrete che è un amalgama del passato e delle persone che ne fanno parte. Può essere liberatorio sapere che la maggior parte dei pensieri giudicanti che avete non sono nati da voi. Sono stati tramandati e trasmessi da tempo immemorabile. In questo senso, non vi appartengono. Tuttavia, più permettete al giudizio di alimentarvi e di tenervi chiusi in quella realtà limitata, come un animale in gabbia, più mantenete l'abuso e la malattia del giudizio nel vostro corpo, nella vostra mente e su questa terra.

Quando le persone vi dicono delle cose, che lo sappiate o meno, voi create una di quelle credenze inconsce su di voi. E poi, ogni volta che qualcosa ha un aspetto, un odore o un sapore simile a voi, quella convinzione inconscia si alza dentro di voi, nella vostra "gabbia", e dice: "Oh, sì, quello! Un'altra sbarra viene posta, o rafforzata, nella gabbia. E così, per tutta la vita, vi difendete dalla possibilità di connettervi con la vostra energia innatamente bella. Pensate che ci sia qualcosa di sbagliato in voi. Tutto accade in una frazione di secondo, al di là della vostra consapevolezza, e tutto ciò che sapete è che, quando fate un lavoro di guarigione energetica spirituale, non riuscite a connettervi come sapete a causa di convinzioni inconsce.

Andare oltre il giudizio include il giudizio su se stessi e sugli altri, perché ciò che si giudica negli altri è semplicemente un riflesso di ciò che si giudica in se stessi.

LA GABBIA

Nel vocabolario tedesco della Philosophie, *si trovano le parole* eigentlich

(vero, reale) e uneigentlich, *l'opposto della vera vita a cui siete destinati.*

Ci sono molte persone che vivono una uneigentliches Leben (vita inautentica).

La cosa più difficile è uscire da queste gabbie auto-prodotte.

— *NINA GEORGE*

La gabbia è una metafora utile per descrivere la struttura invisibile e l'auto-prigionia che incapsula le persone nella loro realtà limitata. Ricordo che una volta, lavorando con un potente guaritore, mi disse: "Mio Dio, le strutture interne del tuo corpo: è come se avessi dell'acciaio intorno ai fianchi e le ossa piene di ghisa". Questa è la gabbia: idee e credenze interiorizzate su di te e sulla vita che si induriscono nel tempo, sbarre invisibili che ti tengono aggrappato ai confini del tuo punto di vista fisso. La gabbia vi vincola a certe realtà vissute come: "Questo è ciò che è. Questo è ciò che c'è", invece di sperimentare la vostra vita come creazione e possibilità infinite, che è la vostra vera natura e firma spirituale.

LE QUATTRO D: NEGAZIONE, DIFESA, DISCONNESSIONE, DISSOCIAZIONE.

Tutte e quattro sono strategie di coping che, secondo me, la maggior parte delle persone usa per negoziare la propria realtà, ma che in realtà rafforzano la gabbia e bloccano tutto al suo posto. Esaminiamo ciascuna di esse.

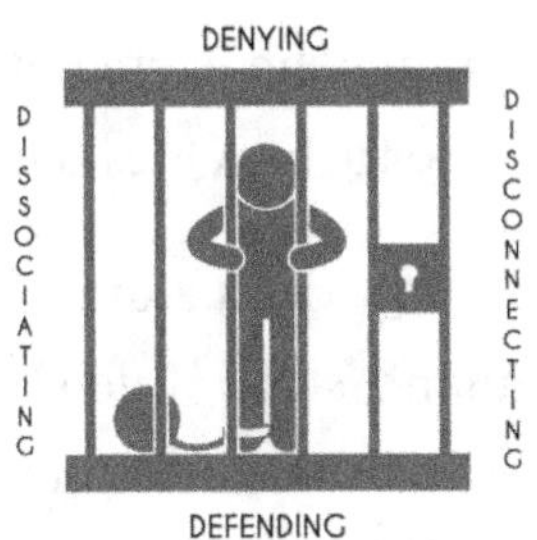

Negare: rifiutare di riconoscere l'esistenza di qualcosa.

La negazione non è necessariamente una cosa negativa. Come dico alle persone nei miei seminari, va bene così. Possiamo ridere. La risata è una risorsa preziosa in questo lavoro molto personale, perché stiamo parlando di cose molto difficili. Ammettiamolo, quando si subisce un trauma o un abuso, un certo livello di negazione rende più facile conviverci. Tuttavia, la negazione non dichiarata porterà direttamente alle vostre convinzioni inconsce. È così che le persone finiscono da adulte in uno o tutti i seguenti casi: matrimoni infelici, situazioni piene di debiti, attività commerciali di scarso successo, corpi malati, incubi per non voler affrontare i propri traumi e così via. Il rifiuto inespresso è spesso il primo ingresso nella gabbia.

Immaginate che qualcuno vi lasci. Lo sentite nel cuore o in qualche parte del corpo e subito vi dite: "Ok, devo essere forte". Questa è la negazione. Si frena.

Ma non finisce qui. Se lo si fa più e più volte, si accumulano strati, quella che io chiamo "armatura corporea". Tutto ciò che facciamo nei miei workshop ROAR® è progettato per liberare questa armatura corporea. Immaginate di essere alla guida di un'auto e all'improvviso frenate perché un cervo è entrato in strada. Senza rendervene conto, trattenete il respiro. Il cervo scappa e voi pensate: "*Ok... il cervo sta bene*". Ma non vi ricordate di aver dimenticato di respirare. E quel momento rimane con voi anche se è già passato.

Lo stesso vale per i vostri sistemi di credenze a cui non prestate attenzione perché siete così forti e dovete continuare a muovervi. È un'armatura del corpo. A volte, quando chiedo a qualcuno di respirare, gli gira la testa. È difficile per loro. Possono anche iniziare a soffocare. Molti di noi non vogliono respirare nella pancia, perché è lì che si trovano le nostre emozioni, o nel petto, perché è lì che si trova la nostra angoscia. Diventa un modo di affrontare la vita.

Ognuna delle 4 D ha un doppio taglio. Nel caso della negazione, si nega anche di essere nella grandezza dei propri doni, talenti, abilità e capacità, perché se si nega qualcosa che sta accadendo, non si sta forse negando anche qualcosa di se stessi? Dov'è il limite? È così che iniziamo a sviluppare la gabbia. Per diventare consapevoli e iniziare il processo di cambiamento, può essere semplice porsi alcune domande:

1. *Cosa sto negando qui?*
2. *Come faccio a negare?*
3. *Cosa mi piace negare?*
4. *DENARO - Non so nemmeno che sto mentendo.*
5. *Quali lezioni positive trae da questo rifiuto?*
6. *Scrivete dieci cose che sapete di negare!*
7. *Scrivete dieci cose che non volete sapere e che sapete di sapere.*

Sappiate che quando iniziate a mettere in discussione queste difese, aspettatevi di sentirvi a disagio. È come se steste nominando qualcosa che non è mai stato nominato prima. È normale. Abbiate fiducia nel processo.

Difendere: Resistere.

Difendersi è un modo per proteggersi da un danno o da un pericolo. È un meccanismo innato. Anche in questo caso, non è sempre una cosa negativa. Pensate se qualcuno si arrabbia con voi. La prima reazione è quella di difendersi, giusto? Ma quando la colpa è di tutti gli altri, o ci si ritrova a difendersi da tutto, o ci si deve proteggere da qualcuno che esce dall'angolo e ci uccide in continuazione? beh, allora diventa un problema più grande. Vivete sempre in guardia, sempre in lotta contro qualcosa. Potreste difendere il vostro punto di vista, i giudizi che avete su di voi, su una decisione che avete preso o su qualcuno della vostra vita. O qualcuno che ha fatto parte della vostra vita, come un genitore o un figlio. Si erigono continuamente muri o barriere contro qualcuno o qualcosa, a livello mentale, emotivo, psichico o fisico. Ogni volta che qualcosa ha l'aspetto, l'odore o il sapore di una persona che vi sta facendo del male - ad esempio, perché il vostro ragazzo vi ha lasciati quando avevate undici anni, e ancora ci fate i conti e ve lo portate dietro in ogni rottura - vi difendete dal provare il dolore originario, più tutti gli altri da quel momento in poi.

L'altro lato della medaglia è che, mentre vi difendete in questo modo, vi state anche difendendo da tutto ciò che di buono arriva. Solo che non ve ne rendete conto. Con le quattro D, non c'è una linea nella sabbia che dica: "Questo è buono.... Questo è cattivo. Rimani con il bene. Stai lontano dal male. È tutto mischiato e ve lo portate dietro. Ecco alcune domande da porsi:

1. *Cosa sto difendendo?*
2. *Chi sto difendendo?*
3. *Come posso argomentare a favore o contro qualcosa?*
4. *Qual è il valore della difesa?*
5. *Cosa mi piace di più della difesa, del combattimento, del conflitto, dell'adrenalina?*
6. *Cosa sto insegnando a me stesso mentre mi difendo?*

Quando si nega o ci si difende da qualcosa, si perde la prospettiva. Si dà via il proprio potere. Se vi sentite costantemente impotenti, probabilmente è a causa di questo, anche se pensate che sia la situazione esterna. Non è così. La realtà esterna è solo ciò che bussa alla vostra gabbia e vi chiede: "Sei pronto a cambiare? Sei pronto a prendere il tuo potere ora? O preferisci soffrire?

Scollegare: separare o rimuovere.

Quando succede qualcosa che non vi piace, vi disconnettete. Lo allontanate dalla vostra consapevolezza o prendete le distanze per sentirvi sicuri o a vostro agio. In qualche modo ci si separa da essa. Potete disconnettervi dai dolori o dalle sensazioni del vostro corpo, dalle altre persone, dai ricordi o da qualsiasi cosa o persona a cui attribuite la causa dell'abuso, compreso il vostro stesso io. Oppure ci si può disconnettere dai propri sogni, obiettivi o desideri.

La disconnessione dice: "Non voglio avere a che fare con questo", al contrario della difesa o della negazione. Quando ci si difende, si reagisce a qualcuno o a qualcosa. Ci si difende. Con la negazione si dice: "No, non è successo".

Domande:

1. Mentre mi disconnetto, mi insegno a...?
2. Cosa sto evitando di riconoscere come reale?
3. Chi vedo come una persona diversa da quella che è realmente, invece di affrontare chi è realmente?
4. Cosa continuo a rimandare e ad allontanare invece di affrontare?
5. Cosa succederebbe se mi orientassi verso questo?

Dissociare: disimpegnarsi da ciò che si sta vivendo in quel momento.

[Nota: sebbene questa sia la più estrema delle quattro D, non mi riferisco qui al disturbo di personalità multipla, al disturbo dissociativo dell'identità o al disturbo borderline di personalità].

Se siete arrivati a questo punto, significa che avete una negazione e una difesa ben collaudate. Come le altre D, non è necessariamente una cosa negativa. È il modo in cui siete sopravvissuti finora nella vita. La dissociazione significa che avete lasciato una parte di voi non guarita nel passato. Una parte di voi è ancora lì, che vi tiene legati al passato piuttosto che al momento presente in cui vi trovate. È una strategia utilizzata per cercare di sfuggire all'intensità o alla gravità di qualcosa. Si può dissociare dal corpo, dalla gioia intensa, dal dolore, dalla tristezza o dalla rabbia.

1. Quando mi sento scivolare in un mondo di fantasia in cui mi sento spettatore della mia vita invece di essere radicato in me stesso?

2. Quali sono i comportamenti che dimostrano la mia dissociazione? Vagare senza pensieri guardando la TV per ore e ore? Anestetizzarmi con l'alcol o altre sostanze?

3. Mi sento estraneo a un gruppo di persone quando queste sono impegnate a sperimentare la gioia, la felicità, la risata o anche la tristezza, e mi sembra di osservarle sul set di un film?

4. A cosa avete deciso di rinunciare quando vi siete dissociati?

DOMANDE:

Per i prossimi undici giorni, scrivete e annotate ogni giorno un momento in cui iniziate, continuate o smettete di disconnettervi.

Che cosa vi insegna questa azione o comportamento?

Quale virtù coltivate: sicurezza, resilienza, perdono, accettazione, gentilezza, compassione o coraggio?

Normalmente, le persone passano attraverso le quattro D senza rendersene conto, iniziando con la negazione: "Oh, che bella sensazione". Subito dopo si passa alla difesa e alla lotta: una discussione con un amico o con il partner potrebbe essere di questo tipo:

"No, si tratta di te".

"Lascia che ti dica una cosa...".

"Ogni volta che lo fai...".

Questo tipo di dialogo vi suona familiare? Spesso dico ai miei clienti di fare attenzione a ciò che dicono. Perché una volta che si inizia con la negazione, prima di rendersene conto si passa alla difesa, e da lì si va direttamente alla dissociazione o si passa al disimpegno, ma si finisce sempre nella dissociazione. E poi si ricomincia da capo. Si torna alla negazione perché ci si sente più sicuri.

Esaminando il ruolo di queste strategie di coping nella vostra vita e le convinzioni inconsce che le alimentano, imparerete dove sono i vostri limiti, cosa potete fare e cosa è sano. Scoprirete che ciò che crea malattia, gaslighting, infelicità, ansia e depressione è l'abbandono di voi stessi attraverso le strategie delle quattro D: negazione, difesa, disimpegno e dissociazione. L'obiettivo dell'ingabbiamento è quello di non esistere. Sì, non esistere! Avete letto bene.

ESERCIZI

1. Piegate un foglio di carta a metà e scrivete le quattro D su un lato del foglio. Chiudete gli occhi e, sull'altro lato del foglio, riflettete sui casi in cui avete mostrato ciascuna delle quattro D nella vostra vita.

2. Fate un elenco di persone, luoghi e persino cose che evitate.

3. Quando si tratta di persone, riflettete sul motivo per cui vi allontanate da loro. Gli altri le vedono in modo molto diverso da voi? Vi trovate a "spiegare" il loro comportamento quando gli altri esprimono preoccupazione per il modo in cui trattano voi o gli altri?

4. Per quanto riguarda i luoghi, elencate ogni luogo e descrivete i dettagli delle vostre

esperienze passate in quel luogo. Cosa è successo in quel luogo? Quali sensazioni vi dà quel luogo? Perché evitate di stare in quel luogo?

5. Per gli oggetti, fate un elenco di quelli che avete conservato o nascosto. Qual è il vostro primo ricordo di questo oggetto? Cosa è successo la prima volta che siete stati presenti con questo oggetto? Avete paura di sbarazzarvi di questo oggetto? Perché?

6. Nel corso della prossima settimana, fate attenzione a quando cadete nelle quattro D. Portate con voi un quaderno e annotate ogni situazione. Portate con voi un taccuino e annotate ogni situazione: dove siete, con chi siete, cosa state facendo, cosa provate?

Questo esercizio, se decidete di provarlo, avvierà il dialogo con il vostro corpo e sarete sulla strada per allineare mente, corpo, spirito e anima.

QUALI SONO I VANTAGGI
PER VOI?

*Argomentate i vostri limiti e, naturalmente, saranno
vostri.*

— *RICHARD BACH*

La gabbia, le prove, le quattro D... sono tutti
meccanismi di coping progettati (anche se inconsciamente) per intorpidire il mondo esterno. Ma l'intorpi-
dimento non è selettivo. Serve anche a
desensibilizzarvi all'esperienza di *voi stessi* e di chi siete
veramente come dono nel mondo.

In fondo, è la *paura* che vi intorpidisce: la paura di
essere visti, la paura di essere esposti, la paura di creare

quell'idea che amate. La paura vi porta ad agire dove vi trovate a remare sempre controcorrente, e tutto questo perché credete alle bugie del falso sé. È questo che rende così difficile creare la realtà che desiderate davvero, perché per farlo dovete perdere la vostra paura, le vostre auto-limitazioni. E rimanere nello status quo ha i suoi vantaggi. Tutta la vostra vita fino ad oggi si basa su queste limitazioni. È l'unico modo in cui conoscete voi stessi, la struttura che avete usato per costruire la vostra salute, il vostro corpo, il vostro denaro e la vostra vita finanziaria, il vostro lavoro e le vostre relazioni (o la loro mancanza).

È a causa di scenari passati non riconosciuti e non risolti, in cui avete deciso di essere qualcosa che non era nemmeno vero per voi, ma che avete reso vero per voi, e quindi è diventato voi. È così che conducete la vostra vita. In questo modo attirerete le vostre relazioni. Attirate il vostro denaro in questo modo. Attirate i vostri affari in questo modo. Attirate il vostro corpo in quel modo. E attirate ciò che "non accade" nella vostra vita da quello spazio d'essere. Ricordate PigPen del cartone animato *Peanuts* di Charles Schultz? Era quello puzzolente che aveva sempre una nuvoletta di polvere intorno a sé. Questa è l'energia stessa di questi sistemi di credenze, che vortica sempre intorno a voi e attira anche ciò che dite di non volere. Il vostro campo energetico dice tutto e ne siete consapevoli?

VANTAGGI INCONSAPEVOLI

Per la maggior parte delle persone, l'idea di poterne trarre qualcosa di positivo - per quanto contorto - è spesso leggermente spaventosa. Fa parte del rifiuto. Ma consideriamo alcuni dei potenziali benefici che potreste trarre dall'aggrapparvi ai vostri limiti. Vi suona familiare?

1. Potenza
2. Sicurezza
3. Sicurezza
4. Controllo
5. Soli o con uno spazio per ascoltare se stessi
6. La pace
7. Rilassamento
8. La libertà
9. Attenzione
10. L'amore
11. La vendetta
12. Spazio
13. Respirare o avere fiato
14. Essere intraprendenti

Quando lasciate andare le convinzioni e le limitazioni inconsce, diventate energeticamente più congruenti con i vostri desideri e iniziate a compiere le azioni giuste. Si apre la porta alle possibilità. Ma la maggior parte delle persone non crede che ne valga la pena, quindi non apre nemmeno la porta. Ecco una mazzata di parole: liberatevi, non ve ne pentirete!

Perché volete generare PAURA (prove false che sembrano reali)?
C'è un solo motivo: limitarsi in un mondo di possibilità perché, a un certo livello, quelle possibilità sono sconosciute e incerte. Quindi, invece di affrontarle e/o le loro conseguenze percepite, ci si limita e si resta fermi.

Quando chiedo alle persone: "Di cosa hai paura?", spesso rispondono con commenti del tipo: "Non ho soldi", "Lascerò la mia famiglia e non mi vorranno", "Non so come fare, quindi preferisco non guardare". A volte dicono che comporta "troppo lavoro". O forse hanno una malattia o un disturbo. I motivi sono tanti e tutti li hanno. "Sono brutto. Mi vergogno. Sono un errore". Questi sono i "motivi" per cui non si va avanti con la creazione della propria vita. E anche se si tratta di vere e proprie scuse, troppo spesso le persone scelgono di credere che siano vere piuttosto che creare una realtà diversa, quella che vorrebbero avere davvero. Se questo vi assomiglia, provate a porvi le seguenti domande:

. . .

Cosa rende la ragione - o la "falsità" - così vitale da preferire credere alla menzogna piuttosto che creare la verità?

Che funzione svolge e a chi serve (di solito non solo a voi)?

Quale beneficio o ricompensa si ottiene continuando?

Cosa state imparando?

In che modo "questo" vi motiva?

Quali "cose buone" vi sta insegnando?

Avete completato questo schema oggi?

Cosa farete per cambiare questa situazione?

La chiave è chiedere e prestare attenzione al corpo, perché le vere risposte vengono dal corpo, non dalla testa. Si ascolta *e si* sente la risposta, spesso accompagnata da un senso di liberazione. Ogni volta che si lascia andare una convinzione inconscia, si diventa più allineati con la presenza e con la propria firma spirituale unica. Correte il rischio di cambiare, il vostro corpo non vi deluderà.

Il modo per entrare è iniziare a scuotere le sbarre della gabbia. Lasciate che le lacrime cadano. L'emozione è energia in movimento. La gabbia rappresenta ciò che avete trattenuto nel vostro corpo e non siete riusciti a liberare. Potete diventare consapevoli e sintonizzarvi con la pesantezza e la densità di ciò che prima era invisibile per voi. Ponetevi domande come: "Chi sarei senza le mie limitazioni e come vivrei senza di esse? Lasciate che il vostro corpo risponda e vi offra possibilità molto più grandi per la vostra vita. Dovete solo iniziare da qualche parte.

Ponetevi le seguenti domande e scrivete la vostra visione rispondendo a queste domande. State creando il vostro futuro:

Come sarebbe la vostra vita senza queste limitazioni?

Chi è con te?

Cosa comprende?

Cosa percepisce?

Come si sente nel suo corpo?

Ecco cos'è la tolleranza: fare e fare e fare perché serve di più per ottenere lo stesso risultato. In psicologia si parla di "teoria dello stato dipendente". Significa che non si può ricordare, cambiare o raggiungere ciò che si vuole se non ci si trova in quello stato esatto, in cui si è creato il problema o si è presa quella decisione che ora è obsoleta. È per questo che le persone pensano: *Bevo per arrivare a quel divertimento"*, *"Mi drogo per arrivare a quella consapevolezza"* o *"Rimango in una dinamica tossica, scusando il degrado e l'esautorazione".* Potete semplice-mente chiedere al vostro corpo e scegliere ciò che funziona per entrambi.

La realtà è che potete raggiungere la coscienza che desiderate. Potete liberarvi di tutte le bugie con cui avete vissuto. E potete uscire dalla gabbia. Iniziate a fissare degli obiettivi su ciò che volete cambiare. Sapete se siete una persona scontrosa. Sapete se date la colpa a tutti per tutto. Sapete se la vostra situazione finanziaria è cambiata o meno. Sapete se siete sessual-mente felici o meno. Sapete se siete felici nel vostro corpo o no. Sai se sei felice nel tuo lavoro o no. Lo sapete. Sì, e se non ci credete, il vostro corpo lo fa. Ascoltate

Ci vuole coraggio per affrontare il passato. Qual è la realtà di oggi? La gente la trova molto spaventosa, ma la realtà è che state vivendo *il vostro passato nel vostro presente.* E non è tanto che fa paura, quanto che, a un certo livello, ne traete beneficio. O forse sì? *Questa è la vostra vera gabbia.*

ESERCIZIO: DENTRO LE SBARRE DELLA GABBIA

Immaginate di essere all'interno di questa gabbia e che la porta sia chiusa a chiave. La gabbia ha dodici sbarre. Ognuna delle sbarre rappresenta una paura o una limitazione a cui vi aggrappate e che vi impedisce di essere pienamente vivi.

Tagliate un foglio di carta in dodici strisce lunghe e scrivete su ogni striscia la paura, il messaggio, la limitazione o qualsiasi cosa permetta di vivere nel vostro cervello e di frenarvi. Sul retro di ogni striscia, elencate una o più azioni che potete intraprendere per liberarvi di quell'ostacolo. Alla fine di questo esercizio, potete stracciare o bruciare i fogli come simbolo che siete usciti dalla gabbia. Vi sfido due volte: cosa avete da perdere?

LA SAGGEZZA DEL CORPO

Il corpo è un sistema di navigazione simile a un GPS. Ma per quanto ci meravigliamo delle capacità della tecnologia, la "tecnologia" del nostro corpo è di gran lunga superiore, soprattutto se si considera che senza l'intuizione (qui dentro), la tecnologia (là fuori) non esisterebbe. Lo hanno ammesso alcune delle più grandi menti del mondo, a partire da Albert Einstein, che ha detto: "Tutte le grandi conquiste della scienza devono partire da una conoscenza intuitiva". Credo nell'intuizione e nell'ispirazione..." a Steve Jobs: "Abbiate il coraggio di seguire il vostro cuore e la vostra intuizione. In qualche modo, loro sanno già cosa volete veramente diventare. Tutto il resto è secondario.

CONSAPEVOLEZZA INTUITIVA

Quando il vostro corpo comincia ad allinearsi energeticamente con la presenza, scoprirete che è molto più facile accedere alla vostra intuizione e alla consapevolezza del futuro. Questo può essere un motivo per cui molte persone scelgono inconsciamente di rimanere nella loro gabbia. A volte sembra che l'ignoranza sia una beatitudine e meno responsabilità. Un futuro conosciuto può essere altrettanto spaventoso di uno sconosciuto per chi non lo conosce. Avere accesso alla propria intuizione ci tiene lontani dai guai.

L'intuizione stessa è sottile, quindi spesso si manifesta in piccoli modi. Per esempio, quella mattina potreste pensare che il vostro partner sia arrabbiato con voi, anche se non è così. La giornata sta andando bene tra di voi, ma dodici ore dopo lui o lei è arrabbiato/a con voi. Questo tipo di "avvertimento" può rendere la vostra relazione molto più facile che rimanere bloccati nel ciclo delle quattro D e non prestare attenzione o ascoltare la vostra intuizione.

Per esempio, vi rompete un braccio cadendo da cavallo quando il vostro partner ha una relazione di cui non volete sapere nulla (è capitato anche a me). O magari vi tagliate un dito con un coltello al mattino e rimanete indietro con il pagamento delle bollette. Naturalmente questi eventi non sembrano mai collegati, ma notate come attirano la vostra attenzione. Fortunatamente, queste esperienze cominciano a verificarsi sempre meno frequentemente perché a) non ne avete bisogno e b) lo sapete intuitivamente in anticipo. Ora si tratta solo di decidere se ascoltarle o meno.

Essere in comunione con il proprio corpo non è la stessa cosa del "lavoro sul corpo". Sebbene abbia praticato per anni varie forme di "lavoro corporeo", sia per me stessa che per facilitare gli altri, è stato solo qualche anno fa che sono entrata in sintonia con il mio corpo. Ora mi rendo conto che mi ha sempre parlato, che lo ascoltassi o meno. Oggi la differenza è che non solo mi parla ancora, ma che io gli parlo ogni giorno. È una comunicazione a due vie.

Mi sentivo molto a disagio nel mio corpo. Mi sentivo come se avessi degli insetti sotto la pelle. Avevo tutte queste energie di altre persone nel e sul mio corpo - realtà di altre persone. Non pensavo molto a me stessa e avevo una lunga lista di giudizi su ciò che pensavo di essere. E solo quando ho deciso di guardarmi dentro ho scoperto che non era quello che mangiavo, ma quello che mangiava me. Pensavo che avere un corpo fosse brutto, che il piacere fosse vergognoso, che essere una donna significasse essere abusata. Questo è il tipo di pensiero che ho dato in pasto al mio corpo che non riuscivo a "digerire", e lo specchio era che non riuscivo nemmeno a digerire o metabolizzare il cibo. E quando il corpo non può o non riesce a digerire ciò che gli viene somministrato, l'infiammazione si accumula e può causare un aumento di peso.

Nel mio caso, si trattava della separazione tra mente e corpo, e solo quando ho iniziato a scavare e ad ascoltare il mio corpo ha iniziato a cambiare. *Che cosa significa quel dolore? A chi appartiene quel dolore? Quale decisione ho preso? A quale conclusione sono arrivato? Come ho vissuto la mia vita e come ho modellato la mia vita in base a quelle decisioni e conclusioni? Come ho modellato il mio corpo in base a quelle decisioni e conclusioni?* Perché se credete di essere malvagi, sbagliati, cattivi, pessimi, terribili, vergognosi, spaventosi o brutti, il vostro corpo può riflettere queste cose nel modo in cui appare, si modella, si forma e si sente.

Ecco perché lo chiamo il corpo del cambiamento, il corpo della possibilità. Quando cambiate la vostra percezione, il vostro corpo cambia per adattarsi alla vostra percezione. Ma non succede per caso. Lo liberate attraverso l'impegno e la scelta di essere un buon amico di voi stessi, di essere un'espansione con voi e non una contrazione contro di voi. Allora il vostro corpo è vostro amico, il veicolo attraverso il quale vivete la vostra vita, collaborando attivamente con voi per ciò che è più espansivo per i vostri desideri più grandi, per ciò che fa cantare il vostro cuore. Avete un nuovo rapporto con voi stessi. Vi sentite bene a livello personale e professionale e, come un superpotere, entrate in azione per creare la vostra vita con divertimento, facilità e gioia di vivere.

Questa è la promessa e il potere di creare un dialogo e di aprire le linee di comunicazione con il vostro corpo, perché sia il problema che il risultato esistono nella comunicazione, nella storia che vi raccontate. Quando cambiate la storia, cambiate il risultato.

Quando si è pieni di problemi, non c'è spazio per l'arrivo di qualcosa di nuovo,

non c'è spazio per una soluzione. Quindi, ogni volta che potete, fate spazio, lasciate spazio...

— ECKHART TOLLE, *IL POTERE DI ADESSO*

Il nostro corpo è in grado di cambiare e basta una sola scelta per ottenere questo cambiamento: essere in comunione - in conversazione - con il proprio corpo. E non deve essere una scelta "importante".

IL CAMBIAMENTO DI UN GRADO

Il nostro linguaggio è in ogni filo e fibra della nostra realtà. Cambiare una parola

all'interno di noi stessi, espandiamo, contraiamo o alteriamo la nostra Coscienza, la nostra consapevolezza,

e la nostra realtà. I pensieri e le conversazioni delle generazioni che ci hanno preceduto continuano a

risuonano come vere e reali nella nostra vita.

— *ROBERT TENNYSON STEVENS*

Se siete disposti a provare un solo sentimento che non avete mai provato prima riguardo a una particolare situazione della vostra vita - con vostro padre, vostra madre, il vostro capo, il vostro coniuge o chiunque altro - questo è un cambiamento di un grado. Se siete disposti a esprimere a parole una cosa che sapete e che non sapevate nemmeno di sapere, questo è un cambiamento di un grado.

Ogni volta che lavoro con i clienti, chiedo sempre loro: "Qual è il tuo cambiamento di un grado in questo momento? Qual è la tua intenzione, una volta terminata questa sessione?". A un certo punto, un cambiamento di un grado per me è stato: "Qualunque cosa accada, oggi mi renderò felice. E sarò grato per tutto". A quel punto, non sapevo come essere felice o grata per qualcosa, quindi ho deciso che quello era il mio cambiamento di grado. Non importava cosa fosse successo. Anche se faceva schifo, sarei stata grata per questo.

Un'altra volta, il mio cambiamento di un grado è stato: "Qualunque cosa accada, uscirò ogni giorno e farò una passeggiata di trenta minuti. Li cronometrerò sul mio telefono e non farò affari". Ben presto i miei trenta minuti sono diventati un'ora, e poi la mia ora è diventata un'ora e mezza. E poi non volevo tornare al lavoro, ma quando lo facevo, se dovevo tornare al lavoro, era sempre meglio perché avevo spazio. Ecco cosa fa un turno di un grado. Vi dà spazio. Quando eliminate le convinzioni come "sono *un errore*", "*non sono desiderato*", "*mi vergogno*", "*non sono nessuno*", "*sono una frode*" della vostra coscienza cellulare nel vostro corpo, vi sentite più leggeri e più liberi. Questo è un cambiamento di grado.

Che cosa sarebbe per voi il cambiamento di un grado? Potrebbe essere semplice come affrontare qualcosa del vostro passato (ho detto *semplice,* non *facile*). Oppure potrebbe essere riconoscere quanto vi sentite fuori controllo. Mettetelo nel vostro mondo. Potete dirlo ad alta voce o sussurrarlo a voi stessi. Poi scrivetelo. Rendetelo reale.

CHE COS'È PER ME UNA VARIAZIONE DI UN GRADO?

Ecco un elenco di idee per iniziare la giornata con l'energia necessaria per apportare cambiamenti di livello:

- Impegnatevi ogni mattina a scrivere un cambiamento di un grado per quel giorno.

- Portate con voi il documento scritto e leggetelo ad alta voce più volte al giorno (per questo esercizio vanno bene i cartoncini).

- Continuate a sforzarvi di vivere quel cambiamento di un grado ogni giorno.

- *Oggi è il mio turno per un voto...*

- *Oggi un grazie è...*

- *Oggi un'azione...*

- *Un cambiamento di un grado per me è...*

IL CORPO COME AMICO

Ricordate che Roma non è stata costruita in un giorno, e nemmeno i suoi sistemi di credenze. Se avete avuto una storia per trent'anni, probabilmente non la lascerete andare in un colpo solo. Siate pazienti con voi stessi e con il lavoro. Una cosa su cui potete contare è che il vostro corpo vi dirà la verità e vi guiderà fuori dai pasticci della vostra vita. Recentemente qualcuno ha condiviso con me quanto segue

Il vostro corpo è un amico intimo, un migliore amico che non vi ha mai mentito e mai lo farà. Tenete a mente questi segnali di identità:

Il vostro corpo:

- *è incrollabile nel suo impegno verso di voi ed esiste solo per sostenervi nel vostro scopo superiore.*

- non si stanca mai di voi, indipendentemente da come lo trattate.

- vi dà un feedback incredibile, "immaginando" e riflettendo il vostro stato d'animo, senza giudicarvi.

- risponde a ogni vostro comando.

- è il vostro progetto, la vostra creazione, il vostro dono al mondo.

- non vi porterà mai fuori strada, nemmeno per un momento.

- è pura devozione a vostra disposizione.

Spesso le persone non vogliono entrare nel loro corpo, perché se lo fanno, ricorderanno il passato, perché il corpo ricorda tutto. È la mente che non ricorda. La mente non vuole ricordare. Ma il corpo ricorda tutto. Una donna con cui ho lavorato in un workshop insisteva a rimanere nella sua testa, non importa quante volte chiedesse al suo corpo di rispondere bene. Continuava a dire che era "espansivo", che era il suo corpo, ma potevo dire che rispondeva dalla sua testa. Infine, si aprì al suo corpo. Non faceva resistenza di proposito, era inconsapevole. Essere nel suo corpo era doloroso perché aveva incarnato una convinzione di essere brutta. Voleva evitare di essere ferita e preferiva essere nel futuro o nella sua mente piuttosto che nel presente.

La realtà è che, per quanto possa sembrare spaventosa, la paura stessa è generata dalla vostra mente e rappresenta solo il dieci per cento di voi. Quindi, per affrontare un'esperienza come questa, è necessario spostare l'attenzione da quel dieci per cento di voi - la vostra mente - al novanta per cento di voi che è il vostro corpo.

Il sentimento vi porterà più vicino alla verità di chi siete rispetto al pensiero.

— *ECKHART TOLLE*

Il vostro corpo è un dono. È una possibilità. Non è un mantello morto che portate con voi. E vi parlerà se glielo permetterete. Ma *prima* dovete ascoltare lui, non quello che dicono gli altri.

Perché se vi concentrate sul vostro corpo, le cose cambieranno. Chiedetevi: *che cosa sono consapevole di non aver cambiato e che il mio corpo vorrebbe cambiare? Che cosa mi darebbe più tranquillità o pace?* Poi ascoltate. E ascoltate la sua energia, non solo la risposta.

Guardando indietro, ho visto che è l'energia dell'amore, dello spazio e del sentirsi bene con se stessi, piuttosto che i pensieri autolesionisti o le convinzioni autosabotanti, che ha cambiato tutto nel modo in cui guardo la vita dall'interno e dall'esterno. Il nostro corpo è un organismo sensoriale comunicante: tutto ciò che esprime è una comunicazione di qualcosa. La domanda è: cosa vi sta dicendo esattamente il vostro corpo? Un modo per scoprirlo è quello di notare come si *espande o si contrae* quando gli viene in mente un pensiero. Quindi, chiedetevi in questo momento: *Corpo, sei felice in questo momento,* cosa senti, espansione o contrazione?

SÌ O NO

Pensate al vostro corpo come a una sorta di "meditazione sensoriale". Potete usare il vostro corpo per sintonizzarvi sulle informazioni di cui avete bisogno e che potreste trascurare per prendere decisioni. Ad esempio, se ho un'attività internazionale, mi metto in contatto con il mio corpo per capire quali sono le aree migliori su cui concentrarmi: *devo concentrarmi sulla Turchia, sui Paesi Bassi o sulla Spagna?* Oppure, se ho qualche dolore o tensione nel corpo, o se ho un conflitto in una relazione, la prima cosa che faccio al mio corpo sono domande come queste:

1. *Di cosa mi rifiutavo di essere consapevole?*
2. *Cosa mi sono lasciato sfuggire?*
3. *Dove è richiesta la mia attenzione ora?*
4. *Come ho fatto a prevederlo e a non farci caso?*

Il vostro corpo, come sistema di guida innato, non vi deluderà. Comunica con voi e ha un modo particolare di dare risposte alle vostre domande, un modo di dire "Sì" o "No". Il corpo non fa "forse". In genere, un "Sì" è espansivo, mentre un "No" è contrattivo in qualche parte del corpo, o forse in generale. Ogni persona deve scoprire e coltivare il proprio sistema di "messaggi". Scoprite cosa è un "Sì" nel vostro corpo e cosa è un "No". Di solito, sentite qualcosa nel vostro corpo e questo ha una descrizione. Ad esempio, si può avvertire una tensione allo stomaco. Potrebbe essere associata a un colore. O forse la sentite nella testa o nel cuore. Quando iniziate a diventare più connessi e più consapevoli del vostro corpo, potreste rendervi conto che per gran parte della vostra vita avete vissuto in uno stato di contrazione. Il grande cambiamento consiste nel risvegliarsi per iniziare a vivere nell'espansione e nella possibilità.

Inizio semplice:

Pronunciare il proprio nome ad alta voce.

"Il mio nome è..."

Notate dove sentite questa conoscenza nel vostro corpo?

Questo senso è il vostro "Sì".

Ora dite: "Sono una rana".

Avete notato come reagisce il vostro corpo?

Questo è il vostro "no".

Giocate con questo aspetto quotidianamente.

Benvenuti nel vostro vero sistema di navigazione: il vostro corpo!

La vostra vita non migliora per caso, ma grazie al cambiamento.

— *JIM ROHN*

Man mano che evolvete e cambiate, cambiano anche i vostri "Sì" e "No". A volte sono le persone che attirate nella vostra vita, o il tipo di vestiti che indossate, o le attività che svolgete. Le cose a cui dico sì ora sono molto diverse da quando bevevo alcolici, per esempio. E le cose a cui dico no ora sono diverse perché c'è una sinergia con la direzione che sto prendendo. Ho diversi obiettivi di desiderio e di realizzazione. Prima stavo solo cercando di navigare attraverso tutti i modi in cui mi identificavo con il mondo e le convinzioni che portavo con me che non erano in linea con l'impronta della mia anima.

Quando vivete separati e frammentati dal vostro corpo, tutto è separato e frammentato. Così, ad esempio, se cercate di creare qualcosa nella vostra attività, potrebbe realizzarsi, ma sarà difficile. Sarà troppo tardi, di fretta o altro. Quando diventerete più congruenti con l'impronta della vostra anima, attirerete persone diverse che prima non potevate attirare perché eravate così frammentati. Tendiamo ad attrarre persone che sono allo stesso livello o al di sotto della nostra frammentazione o disconnessione. Le energie corrispondono alle nostre lotte e, di conseguenza, è proprio questo che si manifesta.

SENSIBILITÀ AL MONDO CIRCOSTANTE

Il nostro corpo è estremamente sensibile al mondo che ci circonda e portiamo nel nostro corpo l'energia di altre persone senza rendercene conto, ma potete diventarne consapevoli ogni volta che decidete di fermarvi e indagare. Ma si può diventare consapevoli ogni volta che si decide di fermarsi e indagare. Quante volte vi siete svegliati molto stanchi e di cattivo umore, anche se siete andati a letto bene e avete dormito bene? Di che cosa si tratta? Di che cosa siete consapevoli? Chi vi viene in mente in questo momento, mentre ci pensate?

Nei miei seminari insegno molte tecniche di guarigione energetica per aiutare le persone a cancellare e dissipare queste energie, il che dà loro molto sollievo. Ma soprattutto, imparano a essere consapevoli delle connessioni stesse. Una persona si è svegliata con emicrania, dolore al collo e alla schiena. Siamo stati in grado di arrivare all'intera situazione semplicemente ponendo domande come queste:

- *Chi conosci?*

- *Se il dolore potesse parlare, cosa direbbe?*

- *Di chi è il dolore?*

Non tutto ciò che sperimentate ha origine da un'esperienza passata. Più lavorate per cancellare il vostro passato e l'impatto che ha sul vostro presente, più sarete in grado di captare le energie del mondo. Ciò che sentite può essere legato a qualcuno che conoscete, oppure potete sentirvi come un bambino che soffre in Arabia Saudita. Lo facciamo perché, come esseri umani, siamo esseri energetici e organismi sensoriali molecolari connessi a tutti e a tutto.

Siamo un tutt'uno a livello cosmico. Invece di chiedersi il perché di questa situazione, è più utile concentrarsi sulla domanda: "Cosa posso fare con questa energia ora che so che non è mia? Ci sono molti modi per lasciare andare l'energia. Potete donarla alla terra, inviarla alla luce, trasmetterle amore, inginocchiarvi e pregare, o sbatterla in un sacco. Il punto è imparare a discernere tra ciò che è vostro e ciò che appartiene a qualcun altro. Da bambino, pensi che tutto ciò che pensi e senti sia tuo quando, come essere altamente sensibile e connesso, hai a che fare non solo con tua madre, tuo padre, i tuoi fratelli e sorelle, gli zii, gli insegnanti... e Dio solo sa chi altro in ogni momento.

ESERCIZIO FISICO: (SUGGERISCO DI FARLO TRE VOLTE AL GIORNO PER 21 GIORNI)

1. Scrivete i messaggi che avete sul vostro corpo. L'obiettivo è far uscire questi messaggi dalla testa e ammetterli per iscritto. Per aiutarvi in questo esercizio, può essere utile pensare ai commenti negativi che fate a voi stessi nella vostra testa. Ora scrivete dieci convinzioni o frasi su di voi.

2. Riflettete sul vostro corpo fisico: lo amate, perché lo criticate, il suo peso, il suo aspetto, il suo movimento? Ora scrivete dieci critiche al vostro corpo. Nota: possono essere uguali/simili a quelle precedenti.

3. Quali sono i "disagi" del vostro corpo? Siete soggetti a malattie? Avete dolori costanti? Soffrite spesso di mal di stomaco? Avete mai

avuto problemi di respirazione? Quando e perché? Ora scrivete dieci disturbi o disagi del vostro corpo.

4. Chiudere gli occhi.

5. Posizionare una mano sul timo (centro del cuore) e una sull'osso pubico (basso addome).

6. Abbassare la mascella respirando dalla bocca per tre volte.

7. Ora afferrate l'energia con le vostre mani psichiche e potete usare le vostre mani reali per lanciarla...

8. Giù per terra per cinque volte.

9. Fino al cielo per cinque volte.

10. Davanti a voi cinque volte.

11. Ora respirate di nuovo dalla bocca per tre volte.

12. Espandetevi e toccate i quattro angoli della stanza in cui vi trovate con le mani sul timo e sull'osso pubblico, sentendo i piedi sul pavimento.

13. Espandetevi ai quattro angoli della città in cui vi trovate.

14. Espandetevi ai quattro angoli dello Stato in cui vi trovate.

15. Espandetevi ai quattro angoli del Paese in cui vi trovate.

16. Espandetevi ai quattro angoli della terra, come se ci fossero quattro angoli della terra.

17. Espandersi fino ai quattro angoli, se esistono, dell'universo.
18. notate la differenza? Cosa c'è di nuovo?
19. Scrivete e/o dite quanto segue con le mani ancora sul timo e sul pube:
20. Sono cambiato!
21. So di essere cambiato!
22. So di essere cambiato perché...

GUARIRE LA DISCONNESSIONE

> *Gli esseri umani hanno ora l'opportunità di passare da una vita incentrata sulla paura e sull'adrenalina a una vita pienamente intelligente dal punto di vista corporeo. L'intelligenza corporea allarga la nostra prospettiva al di là della paura e alla ricca saggezza millenaria che custodiamo nelle nostre cellule.*
>
> — *GAY HENDRICKS*

La fiducia in se stessi e nella saggezza del proprio corpo può arrivare solo quando ci si permette di smettere di essere nell'universo degli altri e di giudicarsi attraverso gli occhi degli altri. Non dovete giustificare il vostro valore o la vostra importanza.

Per molto tempo ho sentito il bisogno di dire alla gente in cosa ero coinvolto o quale certificazione stavo ottenendo, e questo derivava da ciò che mi avrebbe fatto accettare, da ciò che mi avrebbe fatto ottenere una promozione, da ciò che mi avrebbe dato l'impressione di essere giusto o bravo o migliore. Solo quando sono riuscita a smettere di guardare dalla prospettiva degli altri ho trovato la mia. E non è successo da un giorno all'altro, è iniziato con quel momento davanti al computer in cui ho parlato al mio corpo.

Ho iniziato a esplorare e coltivare le mie relazioni in modo diverso, concentrandomi prima sulle relazioni personali, quelle "là fuori". Poi ho guardato intensamente alle mie relazioni "interiori": il mio rapporto con me stesso, il mio rapporto con la salute, il mio rapporto commerciale con il denaro, le mie finanze personali e il mio rapporto con il denaro. Mi sono immerso in me stesso: *sono felice?* Come previsto, ho scoperto che non ero felice. E non ero felice di ciò che stavo creando e di come lo stavo creando.

Se siete una persona infelice, ma non lo avete confessato e avete fatto del vostro meglio per ignorarne il motivo, avete molta compagnia. La compiacenza ha i suoi vantaggi, almeno finché qualcosa non ci scuote. Un buon esempio è il 2020, quando ci fu una pandemia globale che costrinse le persone a rimanere a casa. Siamo rimasti a casa con le persone con cui viviamo. In queste circostanze, è molto difficile ignorare come loro stanno con te e come tu stai con loro... o come tu stai con il tuo corpo e come il tuo corpo sta con te... o come stai con i tuoi amici e, in realtà, sono davvero amici? Improvvisamente, non potete ignorare cosa c'è nel vostro conto in banca e cosa no. Non potete ignorare gli incubi quando prima riuscivate a tenere lontane le brutte sensazioni tenendole occupate, facendo ed evitando. Non potete ignorare la frustrazione che provate nei confronti di vostra madre o di vostro padre, o il dolore e la devastazione che provate perché non ci sono più e come questo abbia influenzato la vostra vita.

Ma se volete cambiare la vostra vita, non potete più fidarvi e tollerare le situazioni del passato. Questo lavoro parla di "Non mi piace la mia vita e voglio cambiarla". Può anche piacervi qualcosa nella vostra vita, ma dovete essere spietatamente onesti per affrontare e creare in modo diverso qualsiasi parte della vostra realtà.

Rispondete a queste domande:

- *Nominate la parte della vostra vita che non vi piace e impegnatevi a fare tutto il necessario per cambiarla.*

- *Nominate la parte del vostro comportamento che non vi piace e impegnatevi a fare tutto il necessario per cambiarla.*

- Fate la vostra scelta ora. Affermatela ad alta voce.

- *Scelgo...*

- Ora, qual è la vostra azione per seguire la vostra scelta? Non importa quale sia. La cosa più importante è che ci sia un'azione.

- *I...*

- Dimmi una gratitudine che hai in questo momento...

- *Sono grato perché...*

- *Sono grato per...*

- *Sono grato per...*

- Ora guardate il vostro corpo...

- Saluti...

- Abbracciatevi.

- Dite: "Ti amo".

- Dire: "Grazie, Corpo".

- Ora, andate a fare i grandi.

- E sei sempre tu.

Quando ho scoperto di essere allergico all'alcol e ho deciso di smettere di bere, ho dovuto imparare a vivere ogni giorno senza quella stampella. Quella soluzione è stata sostituita dal 1° Turno™ ogni giorno. Ora c'era uno spazio per vedere le cose che potevano essere migliori. Prima avrei voluto bere qualcosa e non vedere nulla di tutto ciò. Non mi mancava l'alcol, ma non volevo nemmeno perdere la mia vita, la responsabilità, il controllo e la creazione della mia realtà. Questo desiderio mi ha portato a trovare o sviluppare strumenti e tecniche per aiutarmi a sfuggire alla gabbia e al circolo vizioso delle quattro D.

STRUMENTI E TECNICHE PER LIBERARSI DALLA GABBIA

1. LA TECNICA DEL RUGGITO

La Tecnica del Ruggito® è una tecnica somatica per eliminare i traumi del passato a livello verbale, energetico e somatico. Rimuove le limitazioni, quelle convinzioni inconsce che non sapete di avere e che vi fanno ammalare. È uno strumento che potete usare ogni giorno della vostra vita, se lo volete, per liberarvi dal dolore e dal disagio. Mi piace usare l'analogia di un forno autopulente: non dovete aspettare che qualcuno lo faccia per voi. A volte dico ai miei clienti che possono andare in bagno, lavorare sulla tecnica e, bam, uscire dal bagno, tornare al lavoro e mantenere il loro posto. E a volte, sorprendentemente, lo fanno.

La versione abbreviata della Tecnica del Ruggito® è:

1. *Qual è la situazione attuale?*
2. *Cosa proponete?*
3. *A cosa si riferisce?*
4. *Oh mio Dio, questo è ciò che ho deciso - questo è il sistema di credenze.*
5. *Non voglio farlo ora, come posso cambiarlo?*
6. *Per cosa siete grati?*
7. *Azione: eseguire il 1° turno ™.*

Più si fa questo lavoro, più viene interiorizzato, così che alla fine, quando si presenta un dolore, è sufficiente fare una domanda del tipo: "Corpo, cosa stai cercando di dirmi? Poi lasciate che le vostre emozioni escano dalla gabbia. Ricordate che le emozioni sono energia in movimento, quindi non c'è bisogno di fermarsi, di tenere il corpo rigido e teso o di adottare le quattro D (negazione, difesa, disimpegno, dissociazione) e cercare di ignorare tutto. L'obiettivo è imparare a stare nel presente.

"È facile rimanere presenti come osservatori della propria mente quando si è profondamente radicati nel proprio corpo. Non importa ciò che accade all'esterno, nulla può più scuotervi".

— ECKHART TOLLE

---

2. LE QUATTRO S E LE QUATTRO C

Come un uccellino che è stato nel nido ed è pronto ad andarsene, a volte abbiamo bisogno di trovare le nostre ali per facilitare il nostro volo verso la libertà. Questo è il ruolo delle quattro Es (abbracciare, esaminare, incarnare ed espandere) e delle quattro C (scegliere, impegnarsi, collaborare con l'universo e creare). Come in una bella danza, siete guidati prima da una e poi dall'altra per aiutarvi a uscire dal ciclo delle quattro D (vedi Capitolo 2).

Per prima cosa, vi spiego il significato di ciascuna delle quattro "Es", seguite dalle quattro "C", e poi vi fornirò un esempio di come tutto questo funzioni e possa fluire insieme per farvi uscire dalla gabbia e portarvi nella libertà di creare.

LE QUATTRO ES

ABBRACCIARE SIGNIFICA RICONOSCERE LA PRESENZA DI QUALCOSA E STARE CON ESSA.

Qualunque cosa accada, siete disposti ad affrontarla e a sentirla. Lo abbracciate e lo lasciate nella vostra consapevolezza senza giudicarlo. È una forma di accettazione di ciò che sta accadendo e di ciò che sentite nel vostro corpo

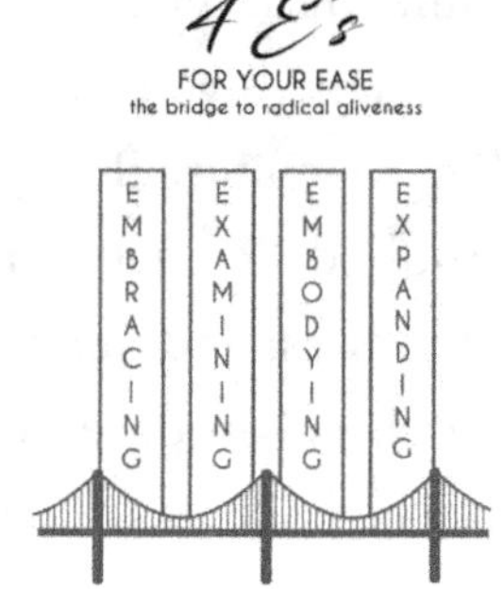

in questo momento. È una rigorosa onestà, apertura e volontà di conoscere la vostra verità e di vivere per essa con facilità. Personalmente, questo è stato il lavoro più profondo, ricco e difficile per me. Ma ora ne vale la pena.

Dimmi una cosa che ti sei rifiutato di abbracciare in questo momento.

ESAMINARE SIGNIFICA PORRE DOMANDE E PRENDERE COSCIENZA DI CIÒ CHE STA ACCADENDO E DI CIÒ CHE È NECESSARIO PER CAMBIARLO.

Si tratta di esplorare ciò che il corpo sente in quel momento: un'immersione profonda nella ricerca, senza lasciare nulla di intentato. Siete disposti ad ascoltare e a ricevere la risposta.

Nominate la coscienza di ciò che state ora ESAMINANDO.

INCORPORARE SIGNIFICA INCLUDERE O DARE FORMA O ESPRESSIONE VISIBILE A QUALCOSA.

Si tratta di includere la propria verità e di entrare in comunione con il proprio corpo. È dove la possibilità di essere se stessi è una scelta piuttosto che una semplice speranza o un sogno. È un'apertura a una nuova realtà e voi iniziate a muovervi verso di essa. Ci si sente meglio, più leggeri e meno densi.

Dare un nome a ciò che si sente di EMBODY in questo momento.

ESPANDERSI SIGNIFICA SCEGLIERE, SCEGLIERE DI OCCUPARE LO SPAZIO DI *VOI* PER VIVERE ED ESSERE PIENAMENTE.

Non siete più in gabbia. Espandendo la vostra energia come spazio, date al vostro corpo ciò di cui ha bisogno per essere a suo agio. Invece di contrarsi di nuovo nella gabbia, vi espandete e recuperate il vostro spazio come essere che sceglie di vivere libero. State diventando consapevoli di esistere e di avere la possibilità di scegliere una vitalità radicale. Questo spostamento di un grado, più e più volte, crea la vita che avete sempre saputo essere possibile nella realtà, non nei desideri o nella fantasia.

Dichiarate come vi sentite in espansione in questo momento.

LE QUATTRO C

La scelta è ogni volta che scegliete dalla leggerezza di ciò che è vero per voi, vi date il permesso di riconoscere ciò che state scegliendo piuttosto che altre persone o altri fattori nell'universo che

impongono scelte al vostro corpo e alla vostra vita. Scegliere richiede che riconosciate ciò che volete, che diate un nome e dichiariate ciò che in effetti è la vostra scelta. Scegliere può richiedere coraggio, perché riconoscete i vostri desideri anche se sono in conflitto con quelli degli altri. Scegliere è amare se stessi.

Impegnarsi significa piantare un paletto nel terreno con le proprie azioni. Si dice: "Questo è ciò che esigo da me stesso. Questo è ciò che non tollererò più". Il modo in cui vi impegnate è diventare consapevoli di questo e di ciò che state facendo qui. E poi, a prescindere da ciò che sta accadendo, abbracciatelo. Accogliere è l'azione che segue la vostra scelta. Ravviva il vostro essere, il vostro corpo e attualizza l'essere.

Collaborare è l'universo che dice: "Woohoo! Ora abbiamo qualcosa da fare. Diamola a te". Collaborare è anche stare con se stessi. Cambiate la conversazione negativa e vi incoraggiate continuamente ad agire e a muovervi verso ciò che avete scelto. Cercate anche persone o situazioni che sostengano la vostra scelta e il vostro impegno in modo solidale, circondandovi di energie e individui che credono che meritiate di scegliere. Collaborare può anche significare evitare consapevolmente la collaborazione con persone che non sostengono le vostre scelte e che cercano di ostacolare il vostro impegno e le vostre azioni. Prendete le distanze da queste persone o imparate a riconoscere che le loro parole sono spesso false.

Creare è vivere in modo radicale. Creare è quello stato espansivo e rinvigorente in cui fluiscono le vostre decisioni. Vi siete impegnati e avete creato una rete di supporto collaborativo. Ora vi piace compiere i passi che rendono reali le vostre scelte nella vostra vita. Poiché avete lavorato sulle prime tre C, avete spazio nel vostro essere per affrontare i compiti e la vostra energia è focalizzata sul fare piuttosto che sull'evitare. Questo è il 1° Cambiamento™ in azione ed è sorprendentemente gioioso e potenziante.

Il quadro delle quattro Es e delle quattro C è concepito per portarvi a scegliere al di là di ciò che avete vissuto e creato, a scegliere una vitalità radicale per voi stessi e a conoscerla come una possibilità assoluta. Non è più solo una speranza. Potete sentirla nel vostro corpo. Perché? Perché avete scelto di parlare, di essere onesti e di impegnarvi ad ascoltare, a non chiudere la vostra rabbia e le vostre emozioni. Avete lasciato che l'universo collaborasse per cospirare e benedirvi. Siete passati alla creazione consapevole. Questo è un nuovo ciclo positivo, costruttivo e ascendente in cui volete stare, piuttosto che il ciclo distruttivo delle quattro D. Uscite dalla gabbia scegliendo una vitalità più radicale - ed è qui che volete stare. La vitalità è l'energia dell'anima impressa in voi.

PRATICHE QUOTIDIANE

Il vostro corpo sa quando si prende cura di sé e lo fa prendendosi del tempo per sé, dedicandosi prima di tutto a se stesso. La maggior parte di noi si alza, prende una tazza di caffè, fa una doccia e si precipita ad affrontare il mondo. Ci sentiamo stressati fin dall'inizio della giornata. Il vostro corpo apprezzerà molto che ci si prenda cura di voi come se foste amici. I 1st Daily Shifts™ sono un modo per farlo.

1. STAZIONE DI CREAZIONE

La meditazione fa bene: la scienza lo ha dimostrato. Tuttavia, stare seduti con gli occhi chiusi e respirare per un certo periodo di tempo non funziona per tutti. Fortunatamente, esistono molti modi per meditare. Basta trovare quello che funziona meglio per voi. Io ho una routine mattutina che chiamo "stazione di creazione". Fa la stessa cosa di altre forme di meditazione: apre in me uno spazio in cui posso ascoltare il mio corpo che mi parla, in modo da poter scegliere consapevolmente ciò che funziona per me e per il mio corpo ogni giorno.

Alla maggior parte di noi non è mai stato insegnato a scegliere. Siamo cresciuti facendo o reagendo a ciò che la madre, il padre o gli insegnanti volevano che facessimo, che ci piacesse o meno. Per alcuni, come me, i genitori autoritari hanno pianificato la nostra vita: dove andare a scuola, che titoli di studio prendere. Non ci viene in mente che ogni giorno è nostro, da creare, o che siamo una possibilità e possiamo sceglierlo ogni giorno.

Inizio accendendo le candele prima di sedermi alla mia postazione di creazione. Mi concentro sempre su tre cose: qualcosa per il mio corpo, per la mia attività e qualcosa di personale. Quando mi sono preparata per una recente operazione, per esempio, ho consultato uno dei miei libri "degli angeli" con le preghiere e le ho scritte per facilitare la guarigione fisica. Oppure mi impegno a fare qualcosa di semplice:

Oggi, qualunque cosa accada, sarò grato.

Oggi, qualsiasi cosa accada, sarò vulnerabile.

Oggi, qualunque cosa accada, respirerò ogni volta che mi sentirò frustrato.

Ho un'altra pratica quando sento che sto per perdere il controllo mangiando troppi zuccheri, per riportarmi alla consapevolezza che ho bisogno di far stare meglio il mio corpo. Appoggio la mano sul timo e sul pube, chiudo gli occhi e respiro. Poi chiedo: "Lisa, cosa ti manca? Oppure: "Cosa ti manca? La risposta che di solito arriva è qualcosa che riguarda la mia mancanza o la mia mancanza o la mia mancanza. Desiderio scongiurato. Onore attivato.

Altre attività potrebbero includere:

1. Leggere le riflessioni quotidiane
2. Scegliere un angelo o una carta energetica
3. Diario
4. Porre domande:

Corpo, cosa vorresti [indossare, fare, mangiare, partecipare oggi]?

Cosa farebbe cantare il mio cuore oggi?

Se scelgo questo, cosa creerà?

Questo crea la vita che voglio?

Perché faccio affari?

Cosa vorrei scegliere e chi vorrei essere oggi?

L'importante è non smettere di interrogarsi.

La curiosità ha una sua ragion d'essere.

— *ALBERT EINSTEIN*

Qualunque cosa decida di creare, o ogni volta che chiedo qualcosa, la concludo sempre con la mia frase preferita: "Non so come... so che sarà". La uso per tutto. Se ho bisogno di qualcuno che occupi una posizione nella mia attività, o se vorrei tre nuovi clienti o più soldi, posso aggiungere: "Questo mi viene facile. Universo, fammi vedere. Sono grato e soddisfatto". E così è. E arriva sempre.

Potete creare le vostre pratiche 1st Shift™ per il benessere o per vivere in modo radicale. Può essere qualcosa di semplice come sedersi sul balcone e godersi il sole. L'importante è avere una pratica che funzioni per voi e lasciarla cambiare man mano che cambiate - una pratica quotidiana - per fare il check-in con il vostro corpo e per attualizzare qualsiasi cosa vogliate focalizzare quel giorno o creare in futuro. Abbiamo uno strano modo di dimenticare, quindi la ripetizione e l'azione vi faranno ricordare le quattro C: Scegliere, Impegnarsi, Collaborare, Creare. Ogni mattina scelgo prima di tutto me stesso. Mi impegno ogni mattina, e l'universo collabora con me e lo crea per me e con me, e io lo faccio per me. Poi sono pronto a lavorare per il resto della giornata. Non sono mai una vittima, sono sempre un creatore e un creatore consapevole con il mio incredibile corpo di cambiamento.

2. LA SCATOLA DELL'UNIVERSO

Non dobbiamo "fare" tutto da soli e questa pratica ce lo ricorda. Per lo meno, può farvi uscire dalla mentalità di pensare troppo o di pianificare troppo. I miracoli accadono e a volte bisogna chiedersi: perché non lasciare che l'universo lavori con noi?

Per questo 1° Shift™, scrivete ciò che volete creare o desiderare e poi mettete il foglio nella vostra Universe Box. Lo vedo come un calderone che sobbolle. Sapete che sta cuocendo e ha solo bisogno di essere mescolato di tanto in tanto. Do energia al mio desiderio sapendo che c'è, ma non lo leggo e non gli presto attenzione ogni giorno. Non so quando apparirà, ma so che lo farà.

3. RILASCIARE LE ENERGIE DEGLI ALTRI

Sedetevi con voi stessi per cinque o quindici minuti e ponetevi le seguenti domande:

A quali convinzioni sono disposto a rinunciare?

Quali giudizi sul mio corpo si sono esauriti?

Quale personalità sono diventato che non è la mia verità?

Poi scusatevi con il vostro corpo per aver assunto l'energia degli altri e averlo ignorato. Potete anche scrivere una lettera al vostro corpo e poi bruciarla o leggerla a un amico che non vi giudicherà per questo. Oppure fare una passeggiata nel bosco e urlare a squarciagola che non permetterete più agli altri di prendere il controllo del vostro corpo. Liberatevi in qualsiasi modo vi sembri più opportuno. Cominciate da dove siete e cominciate oggi. Chiudete la porta sul retro, piantate un paletto nel terreno e dite: "No. Dirò di no".

4. TROVARE LA GRATITUDINE

Adoro i turni di ringraziamento. Uno dei miei preferiti è quello di dire a qualcuno - il vostro partner, un amico, persino un conoscente - tre cose per cui siete grati. È un modo meraviglioso per concludere la giornata e, soprattutto con il vostro partner, può mettervi in contatto l'uno con l'altro e con il mondo in generale.

Un altro rituale consiste nel riconoscere e ringraziare per le scelte che avete fatto quando prima eravate congelati o trattenevate qualcosa nel vostro corpo, e ora siete liberi. Inizio respirando nel mio corpo e ringraziandolo, permettendogli di darmi consapevolezza di qualcosa per cui sono grato. Poiché sotto il blocco, la tragedia, il trauma, il sabotaggio, la limitazione o il dolore c'è sempre un dono, potete anche chiederlo direttamente al vostro corpo:

Qual è la cosa migliore?

Qual è il dono?

Perché è così prezioso?

Cosa ci guadagno?

Cosa mi insegna?

Cosa sto imparando?

Poi riconoscete che è stato fatto e che avete scelto diversamente. Ringraziate il vostro corpo per la consapevolezza e ringraziate le persone e gli attori per la loro partecipazione alla lezione. Non avete più bisogno di partecipare alla lezione. Onorate la vostra esperienza. Siate grati, cambiate di grado e andate avanti.

5. SE IL TUO CORPO POTESSE PARLARE DIARIO

Nella maggior parte dei diari si parla solo di voi, ma in questo rituale si parla del vostro corpo, quindi lasciate che sia il vostro corpo a parlare. Ma in questo rituale si parla del vostro corpo, quindi lasciate che sia il vostro corpo a parlare. Cosa direbbe il vostro corpo? È questo che volete scoprire. Scrivendo dal punto di vista del vostro corpo, invece di scrivere: "Odio il mio corpo", scriverete: "Il mio corpo odia [riempire lo spazio vuoto]". Per cominciare, credo sia utile iniziare a scrivere: "Se il mio corpo potesse parlare, direbbe..." e poi lasciar perdere.

Se il mio corpo potesse parlare, direbbe....

Sono arrabbiato con te per avermi riempito di cibo.

Sono arrabbiato con te perché non mi dai abbastanza acqua.

Mi arrabbio con te perché vai a letto con quella persona che ti tratta male.

Sono arrabbiato con te perché rimani in quella relazione quando ti ho detto che non mi sento bene con quella persona.

6. SPOSTARE L'ENERGIA

Mi accorgo che quando sono di cattivo umore e i dubbi turbinano nella mia mente, il mio corpo si sente più pesante, più denso e più gonfio. Se ho un'idea e non la espongo, il mio corpo si gonfia. Se invece la metto in pratica, il mio corpo si sente più snello e meno gonfio. Il grasso è energia usata contro di noi. Immagazzina i nostri limiti e crea densità e pesantezza nel corpo, che mette la nostra mente contro il nostro corpo. Perciò, anche se quasi tutti i rituali di indagine su ciò che sta accadendo sposteranno la vostra energia, a volte il vostro corpo ha bisogno e vuole puro esercizio - movimento fisico. Questo può essere qualsiasi cosa, dalla meditazione camminata allo yoga, all'allenamento della forza. L'obiettivo è riconoscere che, indipendentemente dal modo in cui si muove l'energia, internamente o esternamente, entrare nel presente ha il potere di produrre un cambiamento profondo. Come beneficio collaterale, spesso cambia anche il peso del corpo.

Quando entrate nella coscienza del vostro corpo, aspettatevi che le cose cambino. Aspettatevi che ciò che desiderate cambi. Aspettatevi che ciò che mangiate cambi. Aspettatevi che cambi quello che fate. Aspettatevi che tutto cambi. Perché è di questo che si tratta. Voi state cambiando. Quindi decidete di lasciarvi andare, di cambiare e di permettere al vostro corpo che cambia di essere.

ESERCIZI

Uno degli obiettivi di questo capitolo è offrire pratiche che si possono integrare nella propria vita e nel proprio corpo. Ecco un riepilogo dei suggerimenti da realizzare come "esercizi":

1. Esercitatevi a creare la vostra Creation Station™. Potrebbe trattarsi di un momento quotidiano in cui si leggono biglietti

d'ispirazione o brani di libri e poi si scrive un diario su di essi per liberare la mente e riorientare il pensiero.

2. Create la vostra Universe Box. Potete chiamarla come volete. Potete anche decorarla nel modo che più vi piace. Create dei bigliettini e rilasciateli mentre immaginate le cose che volete manifestare nella vostra vita. Potrebbe trattarsi di una nuova carriera, di iniziare una relazione, di lasciar andare la rabbia verso una persona della vostra vita, e l'elenco è infinito. L'Universe Box è il vostro canale privato per condividere le vostre richieste con l'universo.

3. Identificate le sensazioni nel vostro corpo che indicano che vi state facendo carico dei problemi degli altri o dell'energia negativa. Imparate a riconoscere queste sensazioni e create un processo per allontanarle. Se il corpo diventa teso e compaiono dolori casuali, la pratica potrebbe consistere nel recarsi in un luogo tranquillo, chiudere gli occhi e ripetere una frase o un mantra per ricordare a se stessi che non è necessario farsi carico dei loro problemi. Anche la respirazione profonda e lo stretching potrebbero far parte del vostro rituale: espirando con forza, immaginate che l'energia negativa lasci il vostro corpo.

4. Abbracciare la gratitudine quotidiana. Un calendario di due pagine per una settimana può essere un ottimo modo per annotare almeno tre cose per cui siete grati ogni giorno. L'uso di un calendario vi aiuterà a tenere traccia di questo processo ogni giorno, e sarà anche utile per tornare indietro e rileggere la gratitudine passata.

5. Scrivete sul vostro diario la frase "Se il mio corpo potesse parlare, direbbe...". Questo tipo di diario vi aiuterà a ricollegarvi a ciò che il vostro corpo sente, invece di ignorare i messaggi che cerca di inviarvi.

6. Create una pratica di movimento fisico per liberare l'energia. Può essere una passeggiata all'aperto, un ballo in salotto o un pugno a un cuscino. Datevi il permesso ogni giorno di lasciare andare la negatività che si accumula nel vostro corpo.

7. Ripetete queste tre affermazioni ad alta voce più volte al giorno:

8. "Ottimo lavoro, tu! Ottimo lavoro, Corpo!".

9. "Siete fantastici!

10. "Ora, tutti e due, diventerete grandi!".

LA CHIAVE DELLA GUARIGIONE

> *Ogni corpo ha una tabella di marcia diversa e, diventando intimi con ciò che il nostro corpo ci chiede, liberiamo il nostro medico interiore. È attraverso questo livello di nutrimento nella nostra vita quotidiana che la rigenerazione cellulare prolifera.*
>
> — GAY HENDRICKS

Ernest Holmes, leader del Nuovo Pensiero e fondatore della Scienza Religiosa, ha scritto nella sua opera classica, *La Scienza della Mente*, che la "definizione di base della guarigione è 'cura'". Egli afferma: "Finché una cellula è viva, cioè finché una persona è viva, le cellule del corpo rispondono alla cura". Un concetto così semplice, eppure in qualche modo siamo diventati una società che rifugge la parola "cura". Eppure, se comprendessimo meglio il significato di "cura" e lo applicassimo a noi stessi, saremmo molto più vicini alla verità della guarigione.

Ho una pianta accanto alla mia scrivania. È l'unica pianta che sono riuscito a tenere in vita. Il primo anno che ho frequentato gli Alcolisti Anonimi mi hanno detto di comprare delle piante e vedere se riuscivo a tenerle in vita, poi di comprare un cucciolo, poi una relazione. Vedete la tendenza? Perché? Perché state imparando a stare con voi stessi. State imparando a stare con voi stessi per la prima volta, senza la soluzione, la droga, l'alcol o altro. Iniziate a relazionarvi con la pianta. Bisogna prestarle attenzione. Bisogna innaffiarla. Bisogna potarla. Bisogna tagliare le foglie morte. Quando si fa uso di alcol, droghe o qualsiasi altra cosa per intorpidirsi, non si presta attenzione a nulla. Siete in un altro mondo. E si è molto egocentrici e narcisisti, con crisi su crisi, spegnendo continuamente incendi.

Mentre mi prendevo cura della mia pianta, ho appreso che esistono studi scientifici che dimostrano che se si parla alle piante, queste vivono più a lungo. Ho deciso: *perché non parlare al mio corpo?* Così ho iniziato a parlargli. Se ero a casa, spegnevo la musica e stavo con me stessa, oppure mentre andavo al lavoro, in macchina, facevo finta che il mio corpo fosse sul sedile accanto a me e gli chiedevo: "Come stai? L'effetto è stato profondo. Questa domanda semplice ma diretta ha iniziato a rompere la solidità del mio mondo, che mi rendeva separato dal mio corpo e non in rapporti amichevoli.

FARE AMICIZIA CON SE STESSI

Il corpo del cambiamento è in realtà l'energia di voi che amate voi stessi, che siete un buon amico di voi stessi, che vi allontanate da qualsiasi altra realtà energetica psichica che dice: "Se hai questa [certificazione, formazione, soldi, risultati, riconoscimenti, o appartieni a questo gruppo, riempire lo spazio] significa che sei bravo e sei apprezzato". Non importa quali cambiamenti si facciano se c'è ancora un programma in esecuzione in background e non ci si valorizza o si crede di essere degni e meritevoli di qualcosa. Finché questi programmi non cambiano, voi siete l'energia di questa indegnità, che lo sappiate o meno. È come avere una struttura fisica all'interno del corpo che si chiama: "Non merito". E questo è esattamente ciò che si rifletterà su di voi in tutte le vostre relazioni. E niente cambierà questa realtà di base: niente di ciò che qualcuno dice o fa, nessuna istruzione, nessuna formazione, nessuna licenza, nessun denaro, *niente* cambierà se non cambiate questa convinzione fondamentale su voi stessi.

Prima o poi si arriva a un punto in cui bisogna avere un certo rispetto e una certa considerazione di sé. Il modo in cui vi considerate determina il modo in cui vi rapportate al mondo e il modo in cui il mondo reagisce a voi. In molti testi spirituali si esorta ad amare gli altri come si ama se stessi. Quanto vi piace chi siete? Ricordo quando mio cugino Johnnie, che aveva scelto la sobrietà tre anni prima di me, mi disse (dovete immaginarlo con quella voce grossa da Tony Soprano del New Jersey): "Lisa, qualunque cosa tu faccia, sii una buona amica di te stessa". E questo è quanto. Non sapevo nemmeno cosa significasse. Non avevo idea di come fare, così ho iniziato a pormi questo tipo di domande su tutto ciò che facevo:

1. *È essere un buon amico per me stesso?*
2. *Se lo mangio, sono un buon amico di me stesso?*
3. *Se non vado in palestra, sono un buon amico di me stesso?*
4. *Se esco con questa persona, sono un buon amico per me stesso?*
5. *Se esco con questa persona, sono un buon amico per me stesso?*
6. *Se compro un cucciolo, sono un buon amico di me stesso?*

7. *Se prendo una pianta, sono un buon amico di me stesso?*

8. *Voglio davvero continuare a farlo e mi sto comportando da buon amico con me stesso?*

È così facile per noi pensare: *"Oh, mi piace".* Ma chiedersi se ci si piace? È più difficile. Non avevo alcun punto di riferimento. Dipendevo dall'opinione che gli altri avevano di me per determinare il mio valore. Mettersi in discussione in questo modo, momento per momento, ti aiuta a metterlo davanti a te, in modo da poterlo vedere più chiaramente. Potete guardarlo da una prospettiva che apprezzate. Se date valore al fatto di piacervi, anche se non vi siete mai piaciuti, potete prendere una nuova decisione e sapere che cambierà le cose.

All'inizio è bene fare costantemente domande su tutto ciò che si sta facendo o prendendo in considerazione, anche sul piano più banale. Per esempio, io non cucino. Non mi piace mettermi ai fornelli e preparare qualcosa per me. Mi piace che le persone che amano cucinare mi preparino in anticipo i piatti che piacciono al mio corpo, in modo che siano in frigo ad aspettarmi. Tutto ciò che voglio fare è riscaldare. Prima non prestavo attenzione e mangiavo quello che c'era. Non mi prendevo abbastanza cura di me stessa per dare al mio corpo ciò di cui aveva bisogno per mantenersi e sostenersi. Il cibo era lasciato al caso e presto mi sono ritrovata a mangiare cibo spazzatura e a non tenere traccia di nulla.

Quando inizierete ad avere successo, avrete le idee più chiare su ciò che volete. Inizierete a sapere cosa è e cosa non è per essere una buona amica di voi stessi. Qualche tempo fa, avevo un'assistente personale/cuoca personale che era molto divertente, ma era anche una bevitrice e dimenticava le cose. Quando dimenticava le cose, diventava irrazionale. Nella mia testa pensavo: *"Conosco questo comportamento. So da dove viene. Voglio molto bene a questa persona. Ci divertiamo molto insieme e mi piace il suo cibo".* Così ho continuato ancora un po' fino a quando la situazione è diventata davvero insopportabile. Mi sono resa conto che non mi stavo comportando da buona amica con me stessa.

Ho fatto il cambiamento e l'ho lasciata andare. Anche in seguito, sarei stata tentata di riportarla indietro "solo per un mese o due, finché non trovo qualcuno". Ma quando mi chiedevo: "Sei un buon amico di te stesso?", sentivo l'energia nel mio corpo che diceva: "No, non tornare". La domanda sarebbe stata trasferita alla coscienza del mio corpo e il mio corpo mi avrebbe comunicato cosa fare. Naturalmente la mia mente avrebbe risposto: "Oh mio Dio, mi manca", e io avrei risposto: "Sembra bello, ma no, sai come finirà, sai come finirà. Non farlo, vai avanti e fai il primo turno! *Non so come... so che sarà così. Universo, mostrami....*

Quando ho iniziato ad amare me stesso
Quando ho iniziato ad amare me stessa, ho scoperto che
l'angoscia emotiva e la sofferenza
sono solo segnali di avvertimento del fatto che stavo
vivendo contro la mia stessa verità.
Oggi so che questa è AUTENTICITÀ.
Quando ho iniziato a volermi bene, ho capito quanto
possa offendere qualcuno.
Cercando di imporre i miei desideri a questa persona,
anche se sapevo che il tempo
non era giusto e la persona non era pronta per questo,
e anche se questa persona ero io.
Oggi lo chiamo RISPETTO.
Quando ho iniziato ad amarmi, ho smesso di desiderare
una vita diversa,
e potevo vedere che tutto ciò che mi circondava
mi ha invitato a crescere.
Oggi la chiamo MATURITÀ.
Quando ho iniziato ad amare me stessa, ho capito che in
qualsiasi circostanza,
Sono nel posto giusto al momento giusto,
e tutto accade al momento giusto.
Allora potrò riposare tranquillamente.
Oggi la chiamo AUTOCONFIDENZA.

Quando ho iniziato ad amarmi, ho smesso di rubare il mio tempo,
e ho smesso di progettare grandi progetti per il futuro.
Oggi faccio solo ciò che mi porta gioia e felicità,
cose che amo fare e che mi rallegrano il cuore,
e li faccio a modo mio e al mio ritmo.
Oggi la chiamo SEMPLICITÀ.
Quando ho iniziato ad amare me stesso, mi sono liberato da tutto ciò che non va bene per me.
la mia salute: cibo, persone, cose, situazioni,
e tutto ciò che mi trascinava verso il basso e lontano da me stesso.
All'inizio ho definito questo atteggiamento un sano egoismo.
Oggi so che è l'AMORE PER SE STESSO.
Quando ho iniziato ad amarmi, ho smesso di cercare di avere sempre ragione,
e da allora ho sbagliato meno spesso.
Oggi ho scoperto che si tratta di MODESTIA.
Quando ho iniziato ad amare me stessa, mi sono rifiutata di vivere nel passato.
e preoccuparsi del futuro.
Ora vivo solo il momento, in cui sta accadendo tutto.
Oggi vivo ogni giorno, giorno per giorno, e lo chiamo appagamento.
Quando ho iniziato ad amarmi, ho riconosciuto che la mia mente può disturbarmi,

e può farmi ammalare. Ma collegandolo al mio cuore, al mio
Il nuovo governo è diventato un alleato prezioso.
Oggi chiamo questa connessione SAGGEZZA DEL CUORE.
Non dobbiamo più temere le discussioni, i confronti o le qualsiasi tipo di problema con noi stessi o con gli altri.
Anche le stelle si scontrano e dalla loro collisione nascono nuovi mondi.
Oggi so che questa è la vita!
(Questa poesia è stata attribuita a Charlie Chaplin, ma non è stata verificata).

Ciò che è essenziale capire è che il ritorno più profondo a se stessi deriva dalla guarigione del rapporto con se stessi e con gli altri. Per fare questo, dovete sviluppare il potere di distinzione per determinare successivamente "ciò che è mio" e "ciò che è loro": ciò che è interno a voi e ciò che è esterno. Mi ci è voluto molto tempo per sciogliere il rapporto con mia madre e recuperare quella parte di me. Da bambina, l'unico contatto che ho ricevuto da lei sono state le percosse e l'aggressione verbale. E il suo odio, l'amore artificiale.

Ma i bambini cercano ciò di cui hanno bisogno. E la mia sopravvivenza si è basata sull'avere l'amore di mia madre facendo la "povera Lisa", sbagliando tutto e venendo espulsa dalla classe. Le davo tutto quello che voleva per avere la sua attenzione, e l'attenzione che ricevevo era uno schiaffo, un colpo, una bastonata. Era tutto quello che poteva darmi. In quelle circostanze ero un bambino piuttosto intelligente. Allora dovevo fare così.

La compassione per me stesso è la cura più potente di tutte.

— *THEODORE ISAAC RUBIN*

L'autocompassione è una forma di amore per se stessi. Non importa quali cambiamenti si facciano, o quanti consigli, trucchi o abilità - anche nel mio caso, abilità psicologiche - si abbiano, non significa che ci si piaccia. In ultima analisi, però, questo è il punto fondamentale. Se avete il programma, il tapis roulant che scorre in sottofondo, di non piacervi o di non valorizzarvi, la vita vi sembrerà una lotta. Ne diventate l'energia senza nemmeno saperlo. E diventa la struttura fisica chiamata corpo.

All'inizio, porsi la domanda: "Se faccio questo, mi sto comportando da buon amico con me stesso?" richiede uno sforzo per ricordarselo, perché non ci sono indizi neurali consolidati nel cervello. Oppure può risultare scomodo. Ma con il tempo, l'abitudine prende il sopravvento e inizierete ad avere successo. Inizierete a sapere cosa volete e cosa significa essere un buon amico. La domanda diventa integrata e si trasferisce nella coscienza del vostro corpo. Non dovrete nemmeno chiederlo o pensarci. Questa nuova idea diventerà semplicemente la vostra vita.

Per esempio, facendo questo lavoro, ho perso molto peso senza fare diete o tentativi. Ho smesso di desiderare o di desiderare cibi che non mi facevano bene. Volevo fare esercizio fisico. Il vostro corpo navigherà e vi dirà che ora è diventato qualcosa di diverso. Voi lo diventate. All'inizio è difficile, perché state disimparando ciò che non avete mai imparato e di cui non eravate consapevoli. Ma quando diventerete consapevoli di ciò che è buono per voi, di essere quell'amico che vi rende felici e che sceglie per voi, comincerete a costruire dentro di voi la forza di fidarvi di voi stessi.

Quando vivrete con la consapevolezza che l'amore per voi stessi è al centro della vostra vera natura, non vi sentirete mai soli... e non vi sentirete mai più soli.

ESERCIZIO

1. Iniziate ogni mattina chiedendovi: "Che cosa farò oggi per essere un buon amico di me stesso?".
2. Quando vi trovate di fronte a delle scelte o vi sentite incerti su una decisione, chiedetevi: "Se faccio questo, sarò un buon amico per me stesso?
3. Quando parlate a voi stessi, chiedetevi: "È così che parlerei a un amico in difficoltà?".

RICONNESSIONE E COMPLETEZZA

"L'arte della consapevolezza del corpo interiore diventerà un modo completamente nuovo di vivere, uno stato di connessione permanente con il sé e aggiungerà una profondità alla vostra vita che non avete mai conosciuto prima".

— *ECKHART TOLLE*

Immaginate di svegliarvi pieni di energia, felici di essere vivi e pronti a vedere cos'altro potete fare quel giorno. Dall'inizio alla fine, la vostra giornata è piena di scelte basate sui vostri desideri. E a partire da questi desideri, tutto è possibile perché voi incarnate la possibilità. Siete una calamita generativa e creativa. Le persone amano stare intorno a voi. Cambiate l'energia di tutto ciò che vi circonda semplicemente essendo voi stessi. Le vostre relazioni sono basate sulla comunione, sull'armonia. Sono divertenti, facili, gioiose e reciproche. Il vostro corpo è sano e vibrante. Avete energia. Avete un bagliore speciale. I vostri affari vanno a gonfie vele e i vostri collaboratori ridono e si uniscono a voi in qualsiasi cosa stiate creando. La vita è un'avventura gioiosa. Risate e leggerezza invadono il vostro corpo. Siete stupiti di sentire una tale alleanza con voi stessi. Le persone vi chiedono cosa avete fatto per cambiare voi stessi e voi rispondete: "Ho scelto me. Ho preso un impegno nei miei confronti. Ho collaborato con l'universo e gli ho permesso di rispondere, e ho creato ciò che sapevo essere possibile".

Questo descrive la vita che sta aspettando che voi la scegliate. Tutte le vostre avversità e i vostri dolori, le vostre tragedie e i vostri traumi, tutte le vostre sofferenze, sono in realtà le vostre possibilità di connettervi con la consapevolezza di chi siete. Quando riuscite a esplorare la vostra realtà e a lasciar andare le convinzioni di fondo che la sostengono, si apre un mondo completamente nuovo, con nuovi modi per andare avanti in qualsiasi cosa desideriate. Improvvisamente, ciò che non ha mai avuto una soluzione ha infinite soluzioni. Ciò che vi ha sempre tormentato scompare. Questo non significa che non possa tornare, ma non tornerà nello stesso modo. Siete voi e il vostro corpo a scegliere di cambiare e di impegnarvi pienamente nel vostro 1° Spostamento™.

Qualsiasi cosa vi faccia impazzire nel presente, è legata a una decisione presa in passato. Solo voi potete rendervi "non pazzi". Siete voi la chiave per sbloccarla, in modo da poter andare avanti con la vostra vita, vivendo in modo radicale e con una marcia in più. E questo inizia entrando nel vostro corpo e nella vostra coscienza. Quando vi liberate dalla gabbia dell'io inconscio, delle credenze inconsce, la malattia lascia il vostro corpo. Ogni cellula del vostro corpo diventa più sana. Il cambiamento profondo può letteralmente cambiare il vostro corpo strutturalmente, persino le vostre ossa, perché ogni pensiero giudicante che avete avuto su di voi e che ha avvolto la vostra struttura cellulare scheletrica cade. Ciò che pensate dà forma al vostro corpo.

Siete un corpo di cambiamento. Il vostro corpo è un dono che vi offre la possibilità di vivere senza limiti. Ogni giorno voi, e il vostro corpo, potete cambiare, e basta una sola scelta per realizzare questo cambiamento, un 1° Shift™ - essere in comunione e conversazione con il vostro corpo. È il momento di riconoscere la brillantezza di voi come essere, un'impronta dell'anima con una firma spirituale unica, e potete chiedere

al vostro corpo di creare e corrispondere alla sua brillantezza e bellezza.

---

*Lo spirito umano non ha limiti. L'unico limite alla
grandezza è dire di no a se stessi.*

— JAMES LAWRENCE, IL "COWBOY DI
FERRO".

La libertà è una funzione delle vostre convinzioni. Nel
momento in cui scoprirete le convinzioni che vi
frenano, sarete liberi in un istante, anche se arrivare
alla verità richiede scelte, compromessi, collaborazione
e creazione. E non è detto che all'inizio sappiate come
fare. *Non so come... ma so che sarà così.* Abbiate fiducia
nel fatto che il percorso si dipanerà man mano che
andrete avanti. C'è liberazione nel lasciarsi andare: si
chiama *divertimento* e l'avventura di essere un corpo.

Non appena vi fidate di voi stessi, saprete come vivere.

— GOETHE

A volte la cosa più difficile da cambiare è abbracciare la propria gioia. Accettare che tutto vada bene. Accettare i successi. Accettare che non ci sono problemi. Accogliere la bellezza dell'impronta della propria anima. Non importa quanto lavoro facciate, dovete imparare a vivere come voi stessi. Niente stampelle, solo voi, crudi e reali. Potreste sentirvi strani. Potreste sentirvi nudi. Ma vi sentirete anche bene. Alcuni dei vostri amici vi piaceranno e altri no. Le persone potrebbero andarsene, e voi sarete migliori per questo. Man mano che diventate più congruenti con l'impronta della vostra anima, il vostro mondo la rifletterà. All'inizio ci sentiamo separati e vediamo il nostro corpo come separato, ma in realtà siamo collegati a tutte le cose e il corpo lo trasmette. Quando ci liberiamo dai nostri giudizi, tutto comincia a cambiare. Cominciamo a vedere le cose con chiarezza e ad agire con chiarezza, ad attrarre in modo diverso, a credere in modo diverso.

Non abbiamo bisogno di fabbricare la presenza incondizionata perché è già lì, come il sole, dietro le nuvole della nostra mente indaffarata, e anche se nuotiamo in questo mare di pura coscienza, dobbiamo essere consapevoli della nostra mente indaffarata che è costantemente in attesa da un'isola all'altra, da un pensiero all'altro, saltando sopra e attraverso questa coscienza, che è il suo terreno, senza mai arrivare a riposare lì.

— DR. JOHN WELWOOD

L'essere che siete non potrà mai essere spezzato. L'impronta della nostra anima e la possibilità di una vitalità radicale è in ognuno di noi, nel nostro stesso essere, ma richiede che allineiamo la nostra energia e la nostra coscienza. Riconosciamo la possibilità, ma allo stesso tempo comprendiamo che non cambiamo facilmente, né dovremmo farlo. Questo lavoro ha la capacità di riempirvi ed energizzarvi per essere più creativi di quanto abbiate mai immaginato. Quando trovate il filo che va dal presente al passato e lo cambiate, e nel processo vi liberate dalla tirannia delle convinzioni inconsce a lungo sostenute, ottenete che tutto il vostro essere sia presente e incarnato. Ogni particella di energia nel vostro corpo è libera. È così che viviamo radicalmente, dal problema alla possibilità.

Questo è il vostro corpo di cambiamento. L'accumulo di centinaia, migliaia, milioni, miliardi e oltre di 1st Shifts™ ogni giorno. Questo crea la vostra vita, il vostro corpo vivente, internamente ed esternamente, congruente e radicalmente vivo. Il vostro corpo ora dirige la vostra conoscenza con facilità.

Ora praticate questo: (più lo fate, più sarete presenti con il vostro corpo).

Chiudere gli occhi

Appoggiare la mano sul timo e sul pube.

Respirate con la bocca, sentite i piedi sul pavimento, la schiena sulla sedia e le mani sul corpo.

Espandetevi e toccate i quattro angoli della stanza in cui vi trovate, sentendo i vostri piedi sul pavimento.

Espandetevi ai quattro angoli della città in cui vi trovate.

Estendetevi ai quattro angoli dello Stato in cui vi trovate.

Estendetevi ai quattro angoli del Paese in cui vi trovate.

Espandersi ai quattro angoli della terra, come se ci fossero quattro angoli della terra.

Espandersi ai quattro angoli, se esistono, dell'universo...

Guardate il vostro corpo

Chiedete a tre molecole di farsi avanti e cambiate la polarità di queste molecole con quella che avete cambiato leggendo questo libro. È un'energia. Lasciatelo andare.

Ora chiedete ad altre tre molecole di farsi avanti e di

rilasciare il "peso" di ciò di cui eravate inconsapevoli. È un'energia. Lasciatelo fluire.

Ora chiedete a tre molecole aggiuntive di cambiare polarità e di trasformarle per creare il corpo di cambiamento che siete ora. È energetico. Permettete a voi stessi di essere.

Ripetetelo tutte le volte che il vostro corpo ve lo chiede.

Si lamenta ad alta voce:

"Sono cambiato!"

"So di essere cambiato!

"So di essere cambiato perché il mio corpo è un corpo di cambiamento".

"Grazie, Corpo".

"Grazie, Universo.

"Grazie, Yo.

"Lo sono, GRATIS.

POSTFAZIONE

Se oggi nessuno ha mai detto al vostro corpo che è amato, adorato, nutrito, custodito, onorato e rispettato, *è ora*! Vi è stato detto!

Se oggi nessuno *vi* ha detto che *vi vuole bene,* io l'ho fatto!

Non so come, ma so che sarà così.

Sono grata e appagata, e lo sono!

Siate grandi!

PARTE II
IL CORPO DEL CAMBIAMENTO: LIBRO DI LAVORO

INTRODUZIONE

Benvenuti nel libro di lavoro Il corpo del cambiamento! Questa guida vi accompagna in un viaggio trasformativo alla scoperta di voi stessi. Ogni esercizio è stato pensato per approfondire la connessione con il vostro sé interiore, per permettervi di superare le barriere e per abbracciare il vostro percorso unico verso la completezza. Prendetevi il tempo necessario per ogni sezione, riflettete profondamente e ricordate: questo libro di lavoro è il vostro rifugio personale per la crescita e l'esplorazione.

SCOPRIRE L'IMPRONTA DELLA PROPRIA ANIMA

ESERCIZIO: RIFLESSIONE SULL'ANIMA

Obiettivo: Identificare e articolare la propria firma spirituale unica.

ISTRUZIONI:

Preparazione:

Trovate uno spazio sereno dove poter essere indisturbati. Sedetevi comodamente, chiudete gli occhi e concentratevi sul vostro respiro. Inspirate profondamente e poi espirate completamente, rilasciando la tensione a ogni respiro.

Meditazione:

Dedicate 10 minuti alla meditazione, concentrandovi esclusivamente sul respiro. Quando sorgono dei pensieri, riorientate delicatamente l'attenzione sul respiro. Lasciate che la vostra mente vaghi su momenti della vostra vita in cui vi siete sentiti vibranti e connessi a qualcosa di più grande di voi.

Riflessione:

Dopo la meditazione, aprite gli occhi e riflettete su quei momenti. Scrivete almeno tre esperienze che vi risuonano: momenti di profonda gioia, pace o connessione.

Connettersi a se stessi:

Per ogni esperienza, esplorate il modo in cui si collega al vostro senso di sé e allo scopo della vita. Che cosa rivelano questi momenti della vostra vera natura e della firma spirituale unica che portate con voi?

Spazio di riflessione:

(I vostri pensieri e le vostre riflessioni vanno qui)

IDENTIFICARE LE BARRIERE

ESERCIZIO: DIARIO DEGLI OSTACOLI

Obiettivo: Riconoscere le distrazioni e gli ostacoli alla propria creatività.

ISTRUZIONI:

Autovalutazione:

Prendetevi un momento per riflettere su ciò che potrebbe frenarvi. Quali pensieri, convinzioni o fattori esterni ricorrenti ostacolano il vostro progresso o la vostra espressione creativa?

Elencate gli ostacoli:

Create un elenco completo di questi ostacoli, che vanno dalle sfide interne come l'autogiudizio o la paura di fallire alle pressioni esterne come i vincoli di tempo o le aspettative della società.

Riflessione sull'impatto:

Per ogni ostacolo, scrivete una breve riflessione sull'impatto che ha sulla vostra vita. Considerate come si manifesta nella vostra routine quotidiana, nei processi decisionali e nelle relazioni.

Piano d'azione:

Scegliete una barriera su cui concentrarvi questa settimana. Scrivete dei passi specifici per superare o attenuare la sua influenza: potrebbe trattarsi di cambiare un'abitudine, di cercare sostegno o di rivedere la vostra mentalità.

Follow-up:

Alla fine della settimana, rivedete la barriera che avete scelto. Riflettete sui progressi fatti e sulle intuizioni acquisite.

Spazio di riflessione:

(I vostri pensieri e le vostre riflessioni vanno qui)

IMPEGNARSI CON LA SAGGEZZA DEL CORPO

ESERCIZIO: PRATICA DI CONSAPEVOLEZZA DEL CORPO

Obiettivo: Sintonizzarsi sui segnali del proprio corpo.

ISTRUZIONI:

Pratica quotidiana:

Dedicate ogni giorno 5 minuti alla pratica della consapevolezza del corpo. Scegliete un momento tranquillo, al mattino o prima di andare a letto.

Scansione del corpo:

Sedetevi comodamente, chiudete gli occhi e scansionate lentamente il vostro corpo dalla testa ai piedi.

Prestate attenzione alle sensazioni, alle tensioni o alle aree di rilassamento senza giudicare.

Osservazione e intuizione:

Notate le aree di tensione o di disagio. Cosa potrebbero rivelare queste sensazioni sul vostro stato emotivo o mentale? Annotate ogni giorno le vostre osservazioni, notando gli schemi o i cambiamenti nel tempo.

Collegare i punti:

Alla fine della settimana, rivedete i vostri appunti. Riflettete su ciò che il vostro corpo vi ha comunicato. Che relazione hanno queste sensazioni con le vostre emozioni, pensieri o esperienze?

Spazio di riflessione:

(I vostri pensieri e le vostre riflessioni vanno qui)

GUARIRE LA DISCONNESSIONE

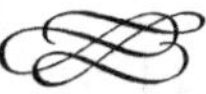

ESERCIZIO: LA TECNICA DEL RUGGITO

Obiettivo: Utilizzare la tecnica Roar® per sciogliere i blocchi emotivi.

ISTRUZIONI:

Trovate il vostro spazio:

Individuate uno spazio privato e sicuro in cui vi sentite disinibiti: la vostra camera da letto, un luogo tranquillo all'aperto o un posto in cui non sarete disturbati.

Centratevi:

State in piedi e fate dei respiri profondi, radicandovi

nel presente. Sentite i vostri piedi a terra e il vostro corpo allineato.

Il ruggito:

Quando siete pronti, fate un respiro profondo ed emettete un "ruggito" forte e potente. Questo ruggito è la vostra espressione di frustrazione, dolore o blocchi emotivi. Rilasciatelo completamente e senza riserve.

Affermazione:

Dopo il ruggito, respirate profondamente. Affermate ciò che invece volete abbracciare, ad esempio "abbraccio la mia forza" o "accolgo la pace nella mia vita".

Riflessione:

Scrivete un diario su come vi ha fatto sentire questo esercizio. Quali emozioni sono emerse durante il ruggito? In che modo l'affermazione ha spostato la vostra energia? Riflettete su eventuali cambiamenti nella vostra mentalità o nel vostro stato emotivo.

Ripetere se necessario:

Potete ripetere questo esercizio ogni volta che avete bisogno di liberare le emozioni represse.

Spazio per la riflessione:

(I vostri pensieri e le vostre riflessioni vanno qui)

PRATICHE QUOTIDIANE PER LA RICONNESSIONE

ESERCIZIO: LE QUATTRO ES E LE QUATTRO C

Obiettivo: Mettere in atto pratiche quotidiane per riconnettersi con se stessi.

ISTRUZIONI:

Le Quattro Es:

Ogni giorno scegliete una delle Quattro Es su cui concentrarvi:

- Abbracciare: Accettare e amare se stessi così come si è.
- Esaminare: Riflettere sui propri pensieri, sentimenti e comportamenti.

- Incarnare: Vivere i propri valori e la propria verità nelle azioni quotidiane.
- Espandersi: Crescere oltre i propri limiti attuali ed esplorare nuove possibilità.

Applicazione:

Durante la giornata, applicate consapevolmente la E scelta ai vostri pensieri, azioni e interazioni. Notate come influenza le vostre scelte e il rapporto con voi stessi.

Riflessione quotidiana:

Alla fine di ogni giornata, scrivete le vostre esperienze. Come ha influito la concentrazione su questa E sulla vostra giornata? Quali intuizioni o sfide sono emerse?

Riepilogo di fine settimana:

Alla fine della settimana, rivedete le vostre riflessioni. Riassumete le vostre intuizioni e annotate eventuali cambiamenti di prospettiva o di comportamento. In che modo questa pratica vi ha aiutato a riconnettervi con voi stessi?

Le Quattro C (facoltativo):

Come espansione, esplorate le Quattro C: Chiarezza, Coraggio, Impegno e Compassione. Integratele nella vostra pratica quotidiana in un modo che vi sembri naturale e che favorisca la vostra crescita.

Spazio di riflessione:

(I vostri pensieri e le vostre riflessioni vanno qui)

FARE AMICIZIA CON SE STESSI

ESERCIZIO: LETTERA DI AUTOCOMPASSIONE

Obiettivo: Coltivare una relazione d'amore con se stessi.

ISTRUZIONI:

Preparate la scena:

Trovate uno spazio tranquillo e confortevole dove poter scrivere indisturbati. Accendete una candela, mettete della musica soft o create un ambiente accogliente.

Scrivere la lettera:

Scrivete una lettera a voi stessi come se vi rivolgeste a un caro amico che sta attraversando un momento difficile. Offrite parole di incoraggiamento, comprensione e compassione. Riconoscete le vostre sfide ed esprimete empatia per le vostre difficoltà.

Affermazioni positive:

Includete nella lettera delle affermazioni. Ricordate i vostri punti di forza, i risultati ottenuti in passato e i progressi fatti. Incoraggiatevi ad andare avanti, anche quando il percorso è difficile.

Lettura ad alta voce:

Una volta terminata, leggete la lettera ad alta voce. Prestate attenzione a come vi sentite nel sentire queste parole compassionevoli rivolte a voi.

Conservare la lettera:

Mettete la lettera in un posto accessibile, come un diario o sul comodino. Rivedetela ogni volta che avete bisogno di un promemoria della vostra resilienza e della vostra autostima.

Seguito:

Considerate la possibilità di scrivere nuove lettere periodicamente durante i periodi di difficoltà per rafforzare il rapporto compassionevole con voi stessi.

Spazio di riflessione:

(I vostri pensieri e le vostre riflessioni vanno qui)

RICONNESSIONE E COMPLETEZZA

ESERCIZIO: VISUALIZZAZIONE PER LA COMPLETEZZA

Obiettivo: Visualizzare il proprio percorso verso l'interezza.

ISTRUZIONI:

Preparazione:

Trovate uno spazio tranquillo dove sedervi o sdraiarvi comodamente. Chiudete gli occhi e respirate profondamente per rilassare il corpo e la mente.

Visualizzazione guidata:

1. Visualizzate un momento in cui vi siete sentiti integri e completi. Può trattarsi di un momento specifico o di un periodo generale della vostra vita.

2. Immaginate l'ambiente, le persone e le emozioni associate a quel momento. Concentratevi sui dettagli che vi hanno fatto sentire connessi e appagati.

3. Ora immaginate la vostra vita attuale infusa dello stesso senso di completezza e connessione. Visualizzate come appare la vostra vita quotidiana quando siete in piena sintonia con voi stessi.

4. Notate le emozioni che sorgono quando visualizzate questo stato d'animo. Come ci si sente a essere connessi con se stessi e con il proprio scopo?

Scrivere l'esperienza:

Dopo la visualizzazione, scrivete i dettagli della vostra esperienza. Che aspetto ha l'interezza per voi? Come potete invitare di più nella vostra vita?

Passi d'azione:

Individuate i passi da compiere per avvicinarvi a questo senso di interezza. Considerate piccoli cambiamenti nella vostra routine, cambiamenti di mentalità o un lavoro di crescita personale più profondo.

Pratica continua:

Rivedete regolarmente questa visualizzazione per rafforzare la vostra connessione con l'interezza e guidarvi verso il vostro vero sé ogni volta che vi sentite disconnessi.

Spazio di riflessione:

(I vostri pensieri e le vostre riflessioni vanno qui)

POSTFAZIONE

Congratulazioni per aver completato il Manuale di lavoro sul corpo del cambiamento! Avete fatto passi significativi per approfondire la connessione con voi stessi e abbracciare la pienezza del vostro essere. Ricordate che questo viaggio è continuo e ogni passo che fate vi avvicina al vostro sé autentico.

Continuate a rivedere questi esercizi, a integrare le intuizioni che avete acquisito e a onorare i progressi che avete fatto. Siete degni del cambiamento che cercate. Continuate ad andare avanti con coraggio, compassione e un cuore aperto.

RINGRAZIAMENTI

Il mio amore, l'amore che condividi e dai ogni giorno rende tutto possibile. Il mio amore per te è per sempre! I nostri corpi danzano la sinfonia dell'essere amati, adorati, nutriti, custoditi, onorati e rispettati. L'amore che mi hai dato va al di là delle parole e il nostro legame collega dimensioni, vite e realtà. Sono onorata di essere in questo viaggio con voi. Voi, i bambini e la famiglia siete il mio carico prezioso e mi riempite di tanta gioia e felicità per essere parte di tutto questo. Il vostro amore e la vostra genuina gentilezza evocano il mio vero cuore, la mia mente, il mio spirito, la mia anima e il mio corpo. Sono grata ogni giorno che il laser di Dio vi abbia indirizzato a me e che io mi sia inchinata e abbia detto SÌ. La scelta migliore di tutte.

La Dott.ssa Lisa Cooney, PhD, LMFT, è una delle principali esperte in trasformazione personale e recupero dai traumi, concentrandosi sulla terapia dell'anima, Life Coaching e trasformazione spirituale. Creatrice dell'innovativo Live Your ROAR®, ha trasformato la vita di  migliaia di persone, aiutandole a superare gli abusi infantili e a raggiungere una " Realtà Radicalmente Orgasmicamente Viva" (ROAR®). Il lavoro della Dott.ssa Lisa è radicato nel suo "Io ce la faccio!... Non importa cosa!" filosofia e i principi di scegliere per te stesso, impegnarti per la crescita, collaborare con l'universo e creare la vita che sogni.